W0304957

Die besten Spiele
für zwischendurch

1.–4. Schuljahr

mit Beiträgen von Birgit Fuchs, Andrea Lex,
Edelgard Maltzahn und Andrea Tonte

Oldenbourg

Bibliografische Information der Deutschen Nationalbibliothek
Die Deutsche Nationalbibliothek verzeichnet diese Publikation in der Deutschen Nationalbibliografie; detaillierte bibliografische Daten sind im Internet über <http://dnb.d-nb.de> abrufbar.

Das Papier ist aus chlorfrei gebleichtem Zellstoff hergestellt, ist säurefrei und recyclingfähig.

1. Auflage 2011
Druck 15 14 13 12 11
Die letzte Zahl bezeichnet das Jahr des Drucks.

Umschlagkonzeption: Mendell & Oberer, München
Umschlag: Björn Tiedemann, München; Melanie Beutel, München
Lektorat: Tanja Jenning, Augsburg
Herstellung: Daniela Birnböck
Illustrationen: Jan Birck, München
Satz und Repro: design.83, Claudia Kaule, Lauingen
Druck und Bindung: Beltz Bad Langensalza GmbH, Bad Langensalza

ISBN 978-3-637-01329-2

Inhaltsverzeichnis

Sach- und Machspiele

Spiele für kleine und große Künstler

Vorwort

Wünschen Sie und Ihre Schüler sich nicht auch manchmal ein bisschen Auflockerung an langen Grundschultagen? Das Argument, man hat ja keine Zeit zum Spielen, weil der Stoff vorgeht, zählt nicht! Denn nach einer Bewegungspause, einer zur Jahreszeit oder zum Sachunterricht passenden Spielidee oder einem künstlerischen Intermezzo werden Ihre Schüler wieder viel aufmerksamer und williger sein, anstrengende Mathematik- oder Grammatikaufgaben zu lösen.
Diese Sammlung von **119 Spielen für zwischendurch** bietet Ihnen einen umfangreichen Fundus, auf den Sie immer wieder – auch mal spontan – zurückgreifen können. Meist ist keine oder nur sehr wenig Vorbereitung Ihrerseits nötig. Viele Spiele sind fächerübergreifend; bei den Spielen im Jahreslauf und den Sach- und Machspielen finden Sie die fachlichen Schwerpunkte neben der Überschrift.
Natürlich kann nicht nur im Klassenzimmer gespielt werden. Auch der Pausenhof, die Turnhalle oder ein Wandertag bzw. Aufenthalt im Schullandheim bieten sich dazu an. Zahlreiche Spielideen sind zudem so variabel, dass sie von der ersten bis zur vierten Klasse eingesetzt werden können.

Viel Spaß beim Ausprobieren, Spielen und Lachen!

1 Weißt du, wie viel Sternlein stehen?

Die Lehrerin zeichnet mit Kreide eine Form an die Tafel. Dabei kann es sich z. B. um einen Stern, einen Kreis, ein Viereck, ein Dreieck, einen Buchstaben oder eine Zahl handeln.

Einzelne Kinder werden beim Namen genannt und vor die Klasse gerufen. Die Anzahl der Kinder hängt vom vorhandenen Platz und von der Form ab, die nachgestellt werden soll. So rasch wie möglich versuchen nun die Schüler, sich zu der gewünschten Vorgabe zu formieren.

Sobald die Figur steht, wird Beifall geklatscht und die nächste Gruppe kommt mit einer neuen Aufgabe an die Reihe.

2 *Der Zoodirektor*

Der Zoodirektor kennt alle seine Tiere ganz genau und weiß auch, wie sie sich bewegen. Er wird von einem Kind dargestellt, das die typischen Körperbewegungen der Tiere vorturnt.

Beispiele:

- Ihr seid alle Elefanten und stampft durch den Urwald.
- Alle werden zu Ameisen! Bildet eine Ameisenstraße rund um das Klassenzimmer.
- Zeit für die Froschwanderung! Hüpft alle zur Toilette und wieder zurück.
- Schon mal Pinguine gesehen? Watschelt wie sie.
- Hilfe, ein Käfer ist auf den Rücken gefallen. Strampelt wie er mit Armen und Füßen.

Und wer richtig gute Zoodirektoren in seiner Klasse hat, wird noch viele weitere tolle Bewegungsspiele durchführen können!

3 *Lasst uns tanzen!*

Dieses einfache, aber lustige Tanzlied ermöglicht Bewegungen verschiedenster Art und kann beliebig verlängert werden, z. B.: „Lasst uns winken/plumpsen/zwinkern usw." Je nach Größe des zur Verfügung stehenden Raums kann auch auf dem Platz „getanzt" werden. In der Turnhalle oder im Freien dürfen sich die Kinder raumgreifend nach vorne bewegen.

Text: traditionell
Musik: Birgit Fuchs

Lasst uns hüpfen ...
Lasst uns klatschen ...
Lasst uns rennen ...
Lasst uns lachen ...
Lasst uns stampfen ...
Lasst uns fliegen ...
Lasst uns schunkeln ...
Lasst uns tanzen ...
(Ende)

4 *Sportkreisel*

Alle Kinder stellen sich zu einem Kreis auf. Verschiedenste Aufgaben können bewältigt werden.

Beispiele:

- Ein Tischtennisball (oder mehrere) wird flott mit einer Hand weitergegeben. Wenn die Lehrerin klatscht, findet ein Richtungswechsel statt.
- Ein Radiergummi oder ein Stift wird durch die gegrätschten Beine zum Nächsten weitergereicht.
- Die Kinder stehen auf Zehenspitzen und reichen einen Spitzer mit hochgehaltenen Armen weiter.
- Die Kinder stehen hintereinander in der tiefen Hocke und geben eine Küchenpapierrolle über den Kopf nach hinten weiter.
- Mehrere Orangen oder aufgeblasene Luftballons werden in Umlauf gebracht. Die Kinder, die einen der Gegenstände bekommen, klemmen ihn sich unters Kinn und geben ihn so an den Nachbarn weiter. Dieser muss ihn ebenso entgegennehmen.
- Ein Löffel mit einer Kartoffel darauf soll durch jede Hand gehen, ohne dass die Kartoffel zu Boden fällt.

Beim Sportkreiseln gibt es wirklich unerschöpfliche Bewegungsvarianten mit und ohne Materialien.
Natürlich können die Kinder selbst mit überlegen und eventuell sogar eine kleine Ideenkartei anlegen!

5 *Sockenbasketball*

Jedes Kind soll eine (alte) Socke mitbringen, die mit ein paar Mais-, Reis- oder Getreidekörnern gefüllt wird. Nach dem Füllen muss die Socke mit einem Bindfaden reißfest zugezurrt werden. (Es eignen sich aber auch „Sandsäckchen", wie sie in manchen Schulen vorhanden sind.)

Die Lehrerin stellt einen leeren Wäschekorb oder ein ähnliches Gefäß unter die Tafel. Jetzt dürfen alle ihre „Vollwertsocken" herausholen und auf ein Startsignal hin abwerfen. Pro Treffer in den Korb gibt es einen Punkt. Wenn jeder sein Flugobjekt am Muster erkennt, geht das Einsammeln relativ schnell über die Bühne und es bleibt genügend Zeit für noch einen oder gar zwei weitere Durchgänge.

6 Spiele mit der Stoppuhr

Spiele auf Zeit sind sehr beliebt und meistens jederzeit einsetzbar. Je nach vorhergehender Belastung der Kinder werden die Aufgaben entsprechend gewählt. Nach einem anstrengenden Aufsatz wird vielleicht ein Sportspiel willkommen und sinnvoll sein, bei dem sich die Kinder richtig austoben können. Es bieten sich zahlreiche Möglichkeiten an, um die Wettspiele auf Zeit zu variieren.

Beispiele für Sportspiele:

Wie viele Kniebeugen, Liegestützen, Hampelmänner schaffst du in x Sekunden?

Beispiele für Zeichen- und Malspiele:

Wie viele Sterne mit sieben Zacken, Männchen mit drei Kleidungsstücken usw. gelingen dir in x Sekunden?

Beispiele für Schreibspiele:

Wie viele Wörter mit sechs Buchstaben, mit „B/b" am Anfang, mit „i" am Schluss, aus dem Wortfeld „gehen" usw. bringst du zu Papier, während die Zeit läuft?

7 *Paarweise nach Jerusalem*

Diese beschleunigte Variante des bekannten Reaktionsspiels bietet sich als Überleitung zu einem Sitzkreis an. Wenn z. B. zwanzig Kinder mitspielen, werden zehn Stühle benötigt. Ein lockerer Kreis wird gebildet, wobei die Abstände zwischen den Stühlen genügend groß sein müssen. Die Kinder finden sich paarweise zusammen: Immer ein Kind sitzt, der Partner steht hinter dem Stuhl und legt die Hände auf die Stuhllehne. Sobald Musik ertönt, laufen die Kinder im Gänsemarsch um den Stuhlkreis herum. Währenddessen entfernt die Lehrerin einen Stuhl. Wird die Musik abgeschaltet, muss sich jedes Kind blitzschnell einen Sitz- bzw. Stehplatz sichern. Gar nicht so einfach, da die Paare zusammenbleiben müssen!
Da jedoch ein Stuhl weniger als Teilnehmer vorhanden ist, bekommen zwei Kinder keinen Stuhl und scheiden somit aus. Sieger ist das Paar, das den letzten Stuhl erobern kann. Die ausgeschiedenen Kinder sind übrigens nicht untätig! Auch sie bewegen sich während der Laufzeiten im Raum und dürfen beim Stoppsignal z. B. mit dem Popo auf einen Schülertisch hopsen.

Variante:

Die einfachere Version macht ebenfalls Spaß und wird auch von kleineren Kindern bewältigt. Dabei müssen die Paare nicht zusammenbleiben, sondern bilden sich immer wieder neu, je nachdem, ob ein Steh- oder Sitzplatz frei ist.

8 *Reiß-Fest*

Alte Tageszeitungen sind hervorragend geeignet für ein kreatives Bewegungsspiel! Jedes Kind bekommt einen Bogen Zeitungspapier ausgeteilt und erwartet das Geheimwort, das die Lehrerin gleich anschließend an die Tafel schreiben wird, z. B. „Wal".

Sofort beginnen die Kinder, das gewünschte Tier (bzw. mehrere Tiere) aus dem Zeitungspapier zu reißen. Einfachere Motive können in mehrfacher Ausfertigung gerissen werden. Kompliziertere Formen dauern länger und es reicht, wenn die Kinder je ein Exemplar schaffen.
Die Kunstwerke wandern anschließend unter die Bank und die Reste der Zeitung in den Papierkorb.

9 *Riesige Viechereien*

Bei diesem Spiel geht es ganz schön hoch her! Es soll nämlich ein „Riesenviech" produziert werden, das die Klasse mit vereinten Kräften an die Tafel zaubert. Natürlich nicht alle Kinder gleichzeitig! Den Beginn, also den ersten Kreidestrich, macht die Lehrerin oder ein Kind.

Nun geht es flott der Reihe nach: Je ein Kind saust nach vorne, um das Kunstwerk genau um einen Strich oder ein schlichtes Detail zu ergänzen. Dann läuft es wieder zurück und gibt die Kreide an den Banknachbarn weiter. Der flitzt ebenso an die Tafel, zeichnet und übergibt die Kreide an den Nächsten ...

Wenn alle Kinder einmal an der Reihe waren, sollte das Tafelmonster in etwa fertig sein. Oder aber man einigt sich gleich zu Beginn des Spiels auf zwei oder drei Durchgänge hintereinander.

Tipp:

Manche Ergebnisse sind so erheiternd, dass sich der Einsatz einer Kamera lohnt!

10 *Schlagabtausch*

Die Klasse wird in zwei Hälften geteilt. Es wird entweder vorne beim ersten oder hinten beim letzten Schüler jeder Klassenhälfte begonnen. Der Schüler, der anfängt, sendet ein lustiges Signal an seinen direkten Nachbarn, z. B. einen Klaps auf die Hand, einen Handschlag, ein leichtes Kneifen in den Arm, ein Streicheln übers Haar oder ähnliche nette Dinge eben. Der Nachbar leitet die taktile Botschaft weiter an den Nächsten in der Reihe und so fort, bis alle einmal an der Reihe waren.

Gemütlichkeit ist allerdings nicht angesagt! Jeder, der dran ist, erhebt sich nämlich flott von seinem Stuhl, leitet das Signal an den sitzenden Banknachbarn weiter, setzt sich wieder und der Nachbar steht auf …

Ruckzuck wird sich herausstellen, welche Klassenhälfte die wacheren Schulkinder beherbergt.

11 *Die Schule ist weg*

Hier kommt ein Reimgedicht, das von der ganzen Klasse im Chor gesprochen wird. Die Teilnehmer begleiten jede Textzeile mimisch und gestisch. Die Bewegungen werden dabei entsprechend dem Sprechrhythmus, immer dreimal kurz hintereinander ausgeführt.

In die Schule, Schule, Schule
(So tun, als ob man schreibt.)

läuft die Jule, Jule, Jule.
(Die Arme bewegen sich wie beim Laufen.)

Doch, o Schreck, Schreck, Schreck,
(Zeigen, dass man erschrickt.)

sie ist weg, weg, weg!
(Die Handflächen weisen nach unten.)

Wo sie stand, stand, stand,
(Die Hände drücken etwas nach oben.)

liegt ein Land, Land, Land
(Die Hände zeichnen einen Kreis in die Luft.)

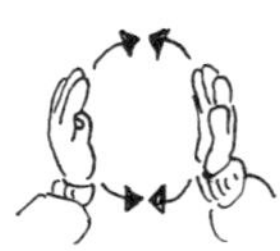

mit 'nem Berg, Berg, Berg
(Beide Hände formen eine Bergspitze.)

und Jule merkt, merkt, merkt,
(Der Finger tippt an die Stirn.)

da ist ein Fluss, Fluss, Fluss
(Die Hände schlagen „Wellen".)

ohne Arm, Arm, Arm
(Ein Unterarm geht auf und nieder.)

und jetzt ist Schluss, Schluss, Schluss
(Die Hände ziehen einen Schlussstrich.)

mit dem Schmarrn.
(Beide Hände winken ab. Dieses letzte „Abwinken" findet nur einmal statt.)

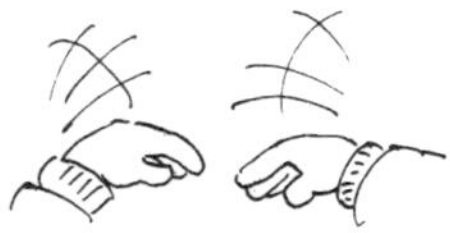

Anmerkung:

Auch wenn die Semantik des Gedichts ein wenig zu wünschen übrig lässt, so stößt es dennoch oder gerade deswegen bei den Kindern auf große Resonanz!

12 *Meister Popper*

Was bringt den verspannten Körper besser in Schwung als eine ganz spontane Blitzreinigungsaktion!

So lautet z. B. die Aufgabe heute: Zehn Minuten Zeit, um das Fach unter der Bank tipptopp in Ordnung zu bringen! Damit auch die gute Laune erhalten bleibt, wird nach einem lustigen gemeinsamen Schlachtruf gesucht wie etwa: „Mit Gebrüll an den Müll!“

Eine nächste derartige Blitzreinigung könnte dann die Klassentafel, die Tafelrinne, Waschbecken, Böden, Umkleideschränke usw. zum Ziel haben.

Wer den Einsatz für die Kinder noch motivierender machen möchte, verteilt an jeden „Meister Popper“ ein paar Popcorn, Erdnüsse oder Ähnliches als Belohnung.

13 Was wir schon können

Tja, was können die Schüler denn schon alles?
Die Lehrerin überlegt sich etwa vier bis sechs Dinge, über die sich die Klasse einmal wirklich bewusst freuen sollte und auf die die Kinder stolz sein können. So kann sie beispielsweise ausrufen: „Wir können bis zum Tausender rechnen!" Daraufhin dürfen alle Kinder (ausnahmsweise) auf den Stuhl und dann auf den Tisch steigen und laut schreien: „Hurra!"
Anschließend klettern die Kinder wieder hinunter und erwarten die nächste freudige Erkenntnis ihrer Lehrerin, z. B.: „Wir wissen, wie man Wasserwaage schreibt. Wir können lange Gedichte behalten ..."

Tipp:

Bis das Spiel wieder einmal gewünscht wird, sollen sich die Kinder selbst überlegen, worin sie Fortschritte erzielt haben. Es dürfen durchaus auch soziale Ziele genannt werden!

14 *Laurenzia*

Die gute alte Laurenzia lässt Lehrerknie knirschen und Schulkinder stöhnen. Und doch handelt es sich um ein Bewegungssingspiel, das sich bei den Schülern immer noch größter Beliebtheit erfreut.

Text und Melodie: Volksgut

Ebenso wird das Lied mit allen anderen Wochentagen gesungen, wobei in der dritten Zeile bei jeder Strophe jeweils ein Wochentag mehr angehängt wird. In der 3. Strophe heißt es z. B. „Sonntag, Montag, Dienstag" usw. Alle Teilnehmer stehen dabei im Kreis; auf jeden zweiten Schlag sowie jeden gesungenen Wochentag ist eine Kniebeuge fällig.

15 Wäscheklammernrennen

Für dieses sportliche „Zwischendurchspiel" benötigt man einen reichlichen Fundus an hölzernen Wäscheklammern, die mit den Buchstaben von A bis Z beschriftet sind. Dabei gibt es von jedem Buchstaben mehrere Exemplare. Alle Klammern hängen alphabetisch geordnet an einem Seil, der Spielschnur, und warten auf ihren Einsatz.
Die Klasse wird in gleich große Gruppen eingeteilt. Jede Gruppe verabredet einen Begriff, der idealerweise so viele Buchstaben hat, wie Schüler in der Gruppe sind. Außerdem bestimmt jede Gruppe einen Ort im Klassenzimmer, wo sich mehrere Wäscheklammern hintereinander anbringen lassen, z. B. am unteren Rand eines Plakats, an der Vorhangkante, am Spiegel … Auf das Kommando „Go!" setzen sich die jeweils „ersten Buchstaben" jeder Gruppe in Bewegung und holen die entsprechenden Wäscheklammern an der Schnur ab. So schnell sie können, bringen sie die Klammer am abgesprochenen Ort an, laufen – unter Rücksichtnahme auf die sie eventuell kreuzenden Mitschüler – zu ihrem Platz zurück und schlagen den zweiten „Buchstabenvertreter" an der Hand ab. Dieser macht sich augenblicklich auf die Socken und ergänzt das Wort um seinen Buchstaben usw.
Die Gruppe mit dem ersten kompletten Wort wird bejubelt und lässt ihren Begriff auf orthografische Richtigkeit überprüfen. Dann sausen alle Gruppensprecher los, sammeln die Klammern ein und stecken sie wieder in alphabetischer Reihenfolge an die Spielschnur zurück.

16 Schülerdisco

Nach dem langen Sitzen nach mehreren anstrengenden Schulstunden geht es auf in die Disco!

Für die Umwandlung des Schulzimmers in eine Klassendisco benötigt man lediglich einen CD-Player und Musik, die dem Großteil der Kinder gefällt.
Für zwei oder drei Minuten darf dann alleine, zu zweit oder in Kleingruppen getanzt werden. Sobald die Lehrerin den Ton abdreht, flitzen alle blitzschnell auf ihre Plätze und sind wieder fit für die nächste Unterrichtsstunde.

Tipp:

Die Disco kann auch einen passenden Namen erhalten, z. B. „Supermax", „Erich-Kästner-Disco" (je nach Schulname!) oder Ähnliches.

17 Pudel Piefke

Mit lustigen Zungenbrechern wird nicht nur die Zunge in Bewegung gebracht, sondern auch Körper und Geist.

Sicher kennen die Kinder einen tollen Reim oder Zungenbrecher oder erfinden vielleicht einen neuen wie diesen: „Pünktlich pinkelt Pudel Piefke hinter bunte Primeln!“ Jetzt fehlt nur noch eine lustige kleine Choreografie, bei der die Kinder das Umfeld ihres Sitzplatzes nicht wesentlich verlassen müssen.

Beispiel:

Beim Wort „pünktlich“ tippen alle Kinder mit dem Finger auf eine fiktive Armbanduhr an der anderen Hand. „Pinkelt“ ist das Wort, bei dem die Schüler ein Beinchen heben, dabei dürfen sie sich mit den Händen am Tisch abstützen. „Pudel Piefke“ wird auf allen vieren jaulend oder kläffend dargestellt und als „bunte Primeln“ lassen sich sämtliche Kinder stehend vom Wind hin- und herblasen …

Ein anderes Mal kann vielleicht folgender Spruch dynamisch umgesetzt werden: „Willi Wippels Strumpfbandnatter wickelt sich ums Schultorgatter!“
Der Fantasie der Schüler und Lehrerin sind keine Grenzen gesetzt!

18 Luftballonschlacht

Zwei bis vier Luftballons werden aufgeblasen und gleichzeitig in die Luft geworfen.

Nun müssen alle Kinder zusammenarbeiten, denn die Aufgabe lautet: Kein Luftballon soll den Boden berühren! Wenn die Kinder dazu ein Lineal oder einen Holzstift (natürlich das stumpfe Ende davon!) benützen dürfen, macht die Ballonschlacht kreuz und quer durchs Klassenzimmer besonderen Spaß.

9 *Learning by doing*

Bei diesem Reaktionsspiel wird zuerst mit dem Kopf und dann mit dem Körper agiert!

Je nach Unterrichtsfach werden Bewegungsregeln festgelegt. So könnten im Deutschunterricht die Wortarten „sportlich gesichert" werden. Hierzu ruft die Lehrerin hintereinander verschiedene Wörter aus oder hebt entsprechende Wortkarten hoch.

Beispiele:

- Handelt es sich um ein Adjektiv, müssen alle Kinder einmal hochhüpfen.
- Handelt es sich um ein Nomen, rennen alle einmal um ihren Stuhl herum.
- Wer ein Verb hört, legt sich schnell flach auf den Boden usw.

Im Mathematikunterricht könnte Bewegung in die Kopfrechenphase gebracht werden.

Beispiele:

- Wer auf ein Ergebnis mit gerader Zahl kommt, winkt wild mit beiden Armen.
- Handelt es sich um ein ungerades Ergebnis, müssen zwei Kniebeugen gemacht werden.

20 *Alle Vögel fliegen hoch!*

Dieses altbekannte Partyspiel kann prima zur Lockerung der Schulter- und Rückenpartie eingesetzt werden.

Anfangs sitzen die Kinder auf ihren Stühlen und legen beide ausgestreckten Zeigefinger an die Tischkante. Auf den Startruf „Alles, was fliegt ...“ beginnen sie, mit den Zeigefingern abwechselnd gegen die Tischplatte zu klopfen. Sie klopfen ununterbrochen, bis der erste Ausruf der Lehrerin ertönt: „Alle Vögel fliegen hoch!“

Handelt es sich um Dinge, Personen oder Tiere, die tatsächlich fliegen können, müssen alle Kinder sofort die Arme nach oben reißen.
Blufft die Lehrerin jedoch und nennt falsche Flugobjekte (z. B. „Alle Autos fliegen hoch!“), dann sollten die Kinder gar nicht reagieren und weiter brav auf den Tisch klopfen. Wer fälschlicherweise die Arme nach oben nimmt, erhält einen Strich zur Konzentrationsförderung.

Also, wie war das noch mal?

- Alle Ballons fliegen hoch!
- Alle Lampen fliegen hoch!
- Alle Lehrer fliegen hoch!
- ...

21 *Kissenschlacht*

Ein Schlager unter den Bewegungsspielen ist und bleibt die Kissenschlacht! Im Klassenzimmer wird natürlich mit weniger Dampf und einem nur sehr kleinen Schaumstoffkissen gespielt.

Ein Schüler bekommt das Kissen zugeteilt und darf beginnen. Erst während des Werfens ruft er den Namen des Kindes auf, welches das Kissen treffen soll. So hat dieses Kind noch kurzzeitig die Chance, zu reagieren und das weiche Flugkissen mit den Händen abzufangen.

22 Das große Krix-Krax

Spielerischer Stressabbau ist bei diesem formlosen Malspiel gewährleistet. Dafür benötigt jedes Kind einen alten Zeitungsbogen und einen Bunt- oder Filzstift.

Beim Startkommando „Krix-Krax" dürfen alle Kinder zum Stift greifen und damit wild auf ihrem Papier herummalen. Hin und her, rauf und runter, kreuz und quer flitzen die Stifte! Wer Pünktchen liebt, darf sich natürlich ebenso austoben!

Ein Pfiff oder Trommelschlag signalisiert das Ende des Spiels oder einen Farbstiftwechsel. Das Signal könnte aber auch einen Wechsel der Technik anzeigen: Vielleicht soll nun im Stehen – auf beiden Beinen oder gar nur auf einem Bein – gekritzelt werden, je nach Lust und Laune.

23 Klassenzimmer-Mandalas

Eine nette Abwechslung bieten außergewöhnliche Mandalas, bei denen der Kreativität der Schüler keine Grenzen gesetzt werden.

Aus allerlei Utensilien, die der Schulranzen und das Klassenzimmer bergen (z. B. Buntstifte, Kreide, Steckwürfel, Puzzleteile ...), soll ein Bild gelegt werden. Jedes Kind darf dafür seine Hälfte des Schülertisches verwenden oder mit seinem Banknachbarn zusammenarbeiten.
Nach einer vorher vereinbarten Zeit dürfen die Schüler durch das Zimmer streifen und auf jedes Werk einen Blick werfen, um die fertigen Exemplare zu bestaunen.
Anschließend klatscht die Lehrerin in die Hände und mit Tempo wandern die Materialien wieder an ihren angestammten Platz zurück.

Variante:

Natürlich können die Mandalas auch in Gruppen gelegt werden. Oder wie wär´s mal mit einem ganz großen Klassenmandala innerhalb des Sitzkreises, eventuell passend zur Jahreszeit? Hierfür sollten die Materialien von der Lehrerin bereitgestellt werden oder von den Schülern zuvor in der Natur gesammelt worden sein. Ein Herbstmandala kann z. B. aus bunten Blättern, Kastanien, Eicheln, Kiefernzapfen usw. bestehen.

24 *Eimerweitwurf*

Für dieses Auflockerungsspiel werden so viele Papierkügelchen benötigt, wie Kinder vorhanden sind. Dabei soll eine Hälfte der Kugeln z. B. aus rotem, die andere Hälfte aus gelbem Papier bestehen. Die Wahl der Farben ist an sich unwichtig; die Kügelchen müssen nur unterscheidbar sein.

Die Klasse wird in zwei Hälften geteilt: Eine Hälfte erhält die roten, die andere die gelben Kugeln. Vor der Tafel wird ein Eimer aufgestellt. Beim Startkommando feuern alle gleichzeitig ihre Kugeln ab. Welches Team landet mehr Treffer im Eimer?

5 *Fingerspiele*

Fingerspiele gibt es in vielen Variationen. Sie machen Spaß und erfrischen nicht nur die Hand- und Fingermuskeln!

Beispiel:

Die Kinder legen alle zehn Finger an die Tischkante an. Zuerst wird mit beiden Daumen auf den Tisch geklopft, dann werden beide Daumen zur Handinnenseite geklappt. Man sieht sie nicht mehr, während die beiden Zeigefinger nun auf die Tischkante klopfen und dann ebenfalls nach innen verschwinden. Die Mittelfinger sind schließlich an der Reihe und werden auf die gleiche Weise versteckt. So geht es weiter, bis alle Finger weg sind und die geschlossenen Fäuste auf dem Tisch liegen. Dann öffnen sich die Hände Finger für Finger von rückwärts her wieder. Mit etwas Übung entwickeln sich manche Kinder dabei zu richtigen Profis!

Weitere Fingerspiele:

- Fingerhakeln
- Über die Tischmittellinie hinweg an den Händen ziehen
- Tiere mit den Händen und Fingern formen
- Auf den Fingern pfeifen
- …

26 Partnersuche

Je zwei Schüler bilden ein Spielerpaar. Einer schließt die Augen, während der andere sich irgendwo im Klassenzimmer ein Plätzchen sucht und wartet, bis alle sehenden Teilnehmer sich verstreut im Raum postiert haben.

Auf ein Zeichen der Lehrerin hin ruft nun jeder seinen blinden Partner beim Namen. Dieser wiederum versucht – natürlich weiterhin mit geschlossenen Augen und ganz und gar vorsichtig – sich in die Richtung zu bewegen, aus der er seinen Namen und den vertrauten Klang der Stimme seines Spielpartners zu hören glaubt. Wenn sich sämtliche Paare gefunden haben, geht es zurück auf die Plätze. Vielleicht ist noch Zeit für einen zweiten Durchlauf mit vertauschten Rollen!

27 Trommelpfad

Mit der Handtrommel, einem Tambourin oder einer Rassel gibt die Lehrerin einen gleichmäßigen langsamen Rhythmus vor, nach dem alle Kinder im Gänsemarsch durch das Klassenzimmer laufen. Wenn die Lehrerin einen Schlag besonders heftig ertönen lässt, ist das das Zeichen, zu ihr oder einem vorher bestimmten Spielleiter zu blicken. Dieser zeigt, welche Position die Schüler nun einnehmen müssen, z. B. in die Hocke gehen, einen Flieger machen, den einbeinigen Storchenstand üben, eine lustige Grimasse ziehen usw. Die Position muss so lange gehalten werden, bis die Trommel wieder gleichmäßig zu schlagen beginnt und die Kinder weiterlaufen dürfen.

Variante:

Zwischen den akrobatischen Einlagen kann das Lauftempo verändert werden. Besonders lustig geht es zu, wenn der Rückwärtsgang eingelegt werden soll!

28 Feueralarm

Es schadet gar nichts, wenn außer dem offiziellen Probealarm in den Klassen weitere „interne Generalproben" stattfinden! Allerdings wird so ein zusätzlicher Feueralarm nicht mit dem üblichen Warnsignal eingeläutet, sondern einfach per Tafelanschrift.

Beim ersten Mal muss natürlich das Spiel erklärt werden: Sobald die Schüler die Tafelanschrift „Feueralarm" lesen, ist Folgendes zu tun:

1. Fenster schließen
2. In Zweierreihen aufstellen
3. Keine Panik – flott hinter der Lehrerin hergehen
4. …

So werden die Verhaltensregeln für den Notfall bestens verinnerlicht und der Hauptzweck der Übung, die Kinder in Bewegung zu versetzen, ist erfüllt.

Tipp:

Notieren Sie die Zeit, die der Fluchtvorgang gedauert hat. Es wäre doch spannend zu vergleichen, um wie viele Minuten sich die Klasse jeweils verbessern kann!

29 *Die flotte Lotte*

So heißt ein kurzes Auflockerungsspiel für müde oder zappelige Schüler. Der sportive Reim wird von allen Kindern im Chor gesprochen.

Zum Text gehören folgende Bewegungen:

↑ ↓ ↑ ↓ ↑ ↓ ↑ ↓

Rauf und run - ter, im - mer mun - ter.

Hin und her, im - mer mehr,

zweimal im Kreis herum *(Kinder drehen sich).*

Tip - top – fit *(dreimal in die Höhe springen),*

links, links, rechts, rechts.

Alle machen mit *(beide Arme kreisen)!*
Nun setz dich nieder *(Kinder setzen sich),*
müder Krieger *(Kinder legen Kopf auf die Arme),*
später spielen wir das Spiel dann wieder.

30 *Der Bassgeigen-Rap*

In Sekundenschnelle verwandelt sich die ganze Klasse in ein großes Orchester! Folgender Sprechgesang wird dazu im Rap-Stil rhythmisch vorgetragen.

„Der Toni spielt die Flöte,
die Laura spielt Klavier,
doch Uli spielt den Bass,
das macht ihm Spaß."

oder

„Die Tina zupft die Geige,
der Lukas trommelt laut,
doch Uli spielt den Bass,
das macht ihm Spaß."

Die Kinder finden weitere Strophen mit Schülernamen aus ihrer Klasse und jeweils neuen Instrumenten, z. B. Harfe, Cembalo, Pfeife, Orgel, Dudelsack, Ukulele, Zither, Posaune, Trompete, Horn, Klarinette, Saxofon …
Dabei spricht immer einer den Text der neuen Strophe vor und erfindet passende Bewegungen dazu. Die Klasse spricht die Zeilen nach, bewegt sich nach Vorgabe und dann werden die letzten beiden Zeilen angehängt, die bei allen Strophen gleich bleiben: „… doch Uli spielt den Bass *(alle stehen auf, zupfen imaginäre Bassgeigen)*, das macht ihm Spaß *(alle hüpfen hoch und werfen die Arme in die Luft)."*

31 *Rutsch weiter!*

Alle Kinder setzen sich zu einem Stuhlkreis, wobei jeder Stuhl den nächsten berühren sollte. Der Spieler, der anfängt, steht in der Kreismitte, sein Stuhl bleibt frei. Auf ein Startsignal hin beginnen die sitzenden Teilnehmer, immer einen Stuhl nach rechts zu rutschen. Ein außerhalb des Kreises stehender Spielleiter verfügt über Pfeilkärtchen mit der Beschriftung „rechts“ oder „links“, die er nach Lust und Laune hochhält.

Die Kinder im Kreis müssen im Blickkontakt mit dem Spielleiter bleiben, um auf die Kärtchen reagieren zu können. Wer genau mit dem Rücken zu ihm sitzt, orientiert sich an den Kindern gegenüber. Der in der Mitte stehende Spieler versucht, eine Lücke in der rutschenden Schülerkette zu entdecken, um sich schnell dazwischenzusetzen.
Der Schüler, der übrig bleibt, steht in der nächsten Runde in der Mitte.

32 Mein Roboter

Es ist schon erstaunlich, was diese Roboter heutzutage können!

Jeder Mitspieler darf von seinem – fiktiven – Roboter erzählen. Dabei sitzt die Klasse im Stuhlkreis oder auf dem Boden. Ein Schüler leitet das Spiel mit der Demonstration eines besonderen Kunststückes ein, welches sein elektronischer Freund beherrscht, z. B.: „Mein Roboter kann ... fliegen." Das Kind imitiert dazu mit beiden Armen Flügelschläge, die übrigen Mitspieler machen es nach. Inzwischen hat sich der Sitznachbar eine neue Bewegung ausgedacht, die sein Roboter im Repertoire hat. Allerdings wiederholt er zuerst die Bewegung des Vorgängers und hängt anschließend ein weiteres Kunststück an, z. B.: „Mein Roboter kann fliegen und mit dem Fuß das Kinn berühren."
Der dritte Spieler wiederholt die ersten beiden Übungen und ergänzt sie um eine dritte Variante und so fort.

33 Schneeballschlacht

Januar (Mathe)

Wie ärgerlich: Das Werfen von Schneebällen im Schulbereich ist grundsätzlich untersagt! Heute gilt die Ausnahme dieser Regel – und das auch noch im Mathematikunterricht.

Die Tafel ist mit beliebig vielen Zahlen (zwei, drei oder gar mehr Stellen) beschriftet, um jede wird ein Kreis gezogen. Dieselben Zahlen stehen auf dem Spielblatt der Kinder.
Es werden Gruppen gebildet. Jede Gruppe stellt einen Werfer. Diese postieren sich in gleicher Entfernung vor der Tafel und erhalten als Munition mit Wasser getränkte Wattebäusche.
Der Reihe nach werden die „Schneebälle" abgefeuert, wobei jede Gruppe ganz genau aufpasst, welche Zahl ihr Vertreter getroffen hat. Der Treffer darf auf dem Spielplan der jeweiligen Gruppe durchgestrichen werden. Ist ein Schneeball außerhalb eines Zahlenkreises gelandet, so darf der Wurf nicht wiederholt werden.

Jetzt werden neue Werfer aus jeder Gruppe bestimmt, die sich an das Abschießen einer zweiten Zahl machen. Das Spiel ist zu Ende, wenn eine Gruppe alle Zahlen getroffen hat und diese Zahlen richtig addiert wurden.

34 *Eiskunst*

Januar (Kunst)

Die Kinder bringen von daheim Eiswürfelförmchen mit. Diese werden mit eingefärbtem Wasser (Wasserfarben) gefüllt und bei entsprechenden Minusgraden über Nacht ins Freie gestellt. Eine Schnur als Aufhängung darf nicht vergessen werden!

Am nächsten Tag wird die bunte, gefrorene Eiskunst aus den Formen gelöst und an einem Strauch vor dem Schulhaus aufgehängt.

35 *Schneemann, wie hoch liegt der Schnee?*

Januar (Sport)

Bei dieser Variante des Spiels „Fischer, wie tief ist das Wasser?" wird ein ausgewählter Schneemann nach der Schneehöhe befragt. Er steht als Fänger am Turnhallenende. Bei der Antwort darf er gewaltig übertreiben, z. B.: „103 Meter hoch!" „Wie kommen wir hinüber?", rufen die übrigen Kinder vom anderen Hallenende. Nun darf sich der Schneemann die komischsten Disziplinen ausdenken, wie die Klasse die „Schneedecke" zu überwinden hat.

Beispiele:

- Als Skifahrer mit nur einem Stock
- Als Langläufer mit nur einem Ski
- Durch Rutschen auf dem Popo usw.

Während der Überquerung versucht der Schneemann, die anderen Kinder zu fangen. Dabei muss er sich in der gleichen Disziplin fortbewegen! Die Gefangenen werden selbst zu Schneemännern.

Tipp:

Noch lustiger ist es, wenn der Schneemann mit seinen professionellen Handschuhen oder Fäustlingen „arbeitet".

36 Luftschlangen-Mathe

Februar (Mathe)

Ungemusterte Luftschlangen werden an einer oder an mehreren Stellen mit Zahlen präpariert. Pro Gruppe wird ein Ring ausgeblasen. Die Gruppenmitglieder sollen die Luftschlange vorsichtig fassen, Vorder- und Rückseite betrachten und gemeinsam nach den versteckten Zahlen suchen.

Alle gefunden? Dann schreibt jedes Kind die Zahlen als Additionsaufgabe auf den Block. Ob das Ergebnis richtig ist, ergibt der Vergleich mit den Kontrollzahlen an der Tafel.

Tipp:

Zum Beschriften legen Sie einen Luftschlangenring vor sich auf den Tisch und teilen die Lagen einfach mit Daumen und Zeigefinger der linken Hand, während Sie mit einem dünnen Filzstift die Zahlen darauf verewigen.

37 *Nasenpunkt*

Februar (SU)

Mit einem roten Klebepunkt oder mit Lippenstift bzw. Karnevalsschminke werden die Nasen dreier Kinder gekennzeichnet.

Dann suchen sich alle Schüler je einen beliebigen Stuhl aus und setzen sich hin.
Einer prägt sich nun haargenau die Sitzplätze der Rotnasen ein und verschwindet nach draußen. Drinnen werden rasch die Plätze getauscht. Jede Rotnase darf auswählen, mit welchem Kind sie den Platz tauschen will. Der Ratende wird hereingerufen und erkennt auf einen Blick: „Tim, Lukas, Laura!" Das sind die drei Kinder, die nun auf den Plätzen der Rotnasen sitzen.
Diese drei Kinder übernehmen die Klebepunkte bzw. werden angemalt und das Spiel geht in den zweiten Durchgang.

38 *König?*

Februar (Sport)

Ein Kind wird von der Lehrerin zum König (zu einer Prinzessin, einem Cowboy, einem Piraten oder einer anderen Karnevalsfigur) erklärt. Die anderen wissen jedoch nicht, um welchen Mitschüler oder welche Mitschülerin es sich handelt!

Die gesamte Klasse läuft mit geschlossenen oder verbundenen Augen in der Turnhalle umher. Immer wenn Kinder aufeinandertreffen, fragen sie: „König?"
Das Gegenüber antwortet ebenfalls mit „König", wenn es selbst nicht der König ist. Handelt es sich aber tatsächlich um den echten König, dann darf dieser, wenn er gefragt wird, überhaupt nicht antworten. Er spricht kein Wort!
Das erfolgreiche Sucherkind hängt sich an den König an und wird dadurch selbst zu einem. Es spricht ebenfalls nicht, wenn es gefragt wird.
Die Kette wird immer länger und das Spiel ist zu Ende, wenn alle den König gefunden haben.

39 *Zungenbrecher*

März (Mathe)

Ein sonnig-wonniger Zungenbrecher soll aufgesagt werden:
Flü, frü, pfütz,
die Sonn´ scheint auf die Mütz',
tschütz!

Wer dabei lacht, Fehler macht oder sich verspricht, muss ein Zettelchen mit seinem Namen als Pfand geben.
Am Ende des Spiels werden alle Pfänder eingelöst: Kein Problem, denn Einmaleinsreihen vorwärts, rückwärts und womöglich auch noch seitwärts aufzusagen, ist doch wirklich ein Kinderspiel …

Dem Einfallsreichtum der Lehrerin für weitere mathematische „Bußen" sind keine Grenzen gesetzt.

Beispiele:

- In Zehnerschritten zählen
- Rechte und linke Nachbarzahl einer vorgegebenen Zahl bestimmen
- Divisionsaufgaben lösen
- …

40 *Frühlingsdingsda*

März (Deutsch)

Unter dem Motto: „Alles, was das Frühjahr bringt" notiert jedes Kind ein „Dingsda", also einen Ratebegriff, auf einen Zettel und faltet ihn zusammen. Solche Frühlingsbegriffe könnten z. B. sein: Spaziergang, Blüten, Sonne, Spielplatz, Inlineskates, Ostern, Radtour …

Die Zettel werden in einem Körbchen gesammelt und warten im Pult auf die nächste Spielrunde. Dann nämlich sitzen alle im Stuhlkreis und ein Kind darf sich aus dem Körbchen bedienen. Anschließend muss es den Begriff auf dem Zettel umschreiben.

Beispiel:

Mein Dingsda ist ein ziemlich kleines Fortbewegungsmittel. Es hat Räder und man muss sich abstoßen. Mit dem Oberkörper hält man das Gleichgewicht. (Skateboard)

41 *Blumenrätsel*

März (Kunst)

Bis zur nächsten Kunststunde sammeln die Kinder die lustigsten Pflanzennamen (z. B. aus einem Gartenratgeber, einem Pflanzen-Bestimmungsbuch oder einem Gartenkatalog).
Es sollten zusammengesetzte Namen sein. Da gibt es z. B. das Tränende Herz, Ringelblumen, die Schwarzäugige Susanne, die Bartnelke und viele andere.

Wenn die Lehrerin an der Tafel oder auf Folie ein Beispiel vorstellt, ist rasch klar, worum es bei diesem Spiel geht.

(Lösung: Schneeglöckchen)

Jedes Kind zeichnet eine Pflanze in bildhafter Entsprechung zu ihrem Namen, die anderen Kinder raten.

42 *Hase mal Ei*

April (Mathe)

Jeder malt auf ein Zeichenblatt großzügig ein Nest mit Eiern (von eins bis zehn oder eins bis zwanzig). Die Eier sollten so angeordnet werden, dass man die Anzahl auf einen Blick erkennen kann.
Dann werden drei „Hasen" vor die Klasse gerufen. Auf das Kommando „Hopp!" hält jeder sein Blatt mit der Zeichnung vor die Brust.

Die Mitschüler zählen rasch die Anzahl der Eier in den drei Nestern, um anschließend alle möglichen Einmaleinsaufgaben laut zu formulieren. Das Ergebnis jeder Aufgabe muss der Eieranzahl entsprechen, z. B.:

- 4 Eier + 2 Eier + 3 Eier = 9 Eier
- Einmaleinsaufgaben: 3 · 3 = 9, 1 · 9 = 9, 9 · 1 = 9

Sind alle Möglichkeiten erschöpft und errechnet, dürfen neue Hasen ihre Zahlennester präsentieren.

43 *Namenseier* *April (Deutsch)*

Mit Vornamen kann man wunderbar spielen. Hier eine besonders österliche Variante.

Ein Kind steht am Overheadprojektor. Es hat sich bereits einen Mitschüler ausgesucht und schreibt nun dessen Namen (oder Spitznamen) „eiermäßig“ auf die Folie. Für die Buchstaben malt er nämlich kleine Ostereier.

Mindestens ein richtiger Buchstabe muss jedoch angegeben werden; das schreibende Kind entscheidet, welchen oder welche Buchstaben es als Hilfe nennt. Der Name sollte auf jeden Fall eindeutig zu erkennen sein.

Beispiel:

OlOxOOOOa

Wer ist das? Na klar, die Alexandra. Als Nächste darf dann diese nach vorne kommen und sich einen neuen Namen ausdenken.

Variante:

Es können auch vorher Osterwörter gesammelt werden (z. B. Osterhase, Osterei, Nest …) und diese mithilfe der Eier „versteckt“ werden.

44 *Osterstrauß*

April (Kunst)

Jedes Kind sucht übers Wochenende nach einem ungefähr einem Meter langen Stöckchen. Außerdem benötigt man dünnen, grünen Blumendraht, grünes Krepppapier und eine bunte Serviette, ein bemaltes Papiertaschentuch oder Seidenpapier.

Der Stock wird mit grünem Krepp umwickelt. Aus der Serviette lässt sich leicht eine Blüte formen, indem man sie aufgefaltet auf den Tisch legt, die Mitte zusammenrafft und den „Blütenstiel" mit Blumendraht am Stockende befestigt.
Mit verschiedenfarbigen Papierlagen übereinander lassen sich die herrlichsten Blumen zaubern.

Variante:

Ende April oder Anfang Mai gebastelt, eignen sich die Blumen auch wunderbar als Muttertagsgeschenk!

45 *Maigedicht*

Mai (Deutsch)

Bei diesem Gruppenspiel geht es darum, Reimwörter zu sammeln und anschließend damit zu dichten.

Das erste Wort des ersten Durchgangs wird in jedem Fall von der Lehrerin vorgegeben und heißt „Mai". Bei den nächsten Durchgängen darf ein Kind aus der Gruppe das erste Reimwort bestimmen. Anschließend soll jedes Gruppenmitglied ein dazu passendes Reimwort liefern (siehe Beispiel unten). Alle Wörter werden notiert.
Doch das war nur die Vorarbeit. Jetzt geht es ans Dichten. Die Gruppenpoesie darf ruhig schnulzig oder grotesk klingen; Hauptsache, es macht Spaß!

Gesammelte Reimwörter:

Mai Türkei zwei

ei, ei, ei Ringelrei

Gedicht:

Im Mai fuhren zwei
in die Türkei
und tanzten am Sandstrand Ringelrei.
Ei, ei, ei!

46 *Der große Preis*

Mai (SU)

Auf Folie werden (z. B. 15) rechteckige Felder kopiert oder gezeichnet.

Beispiel:

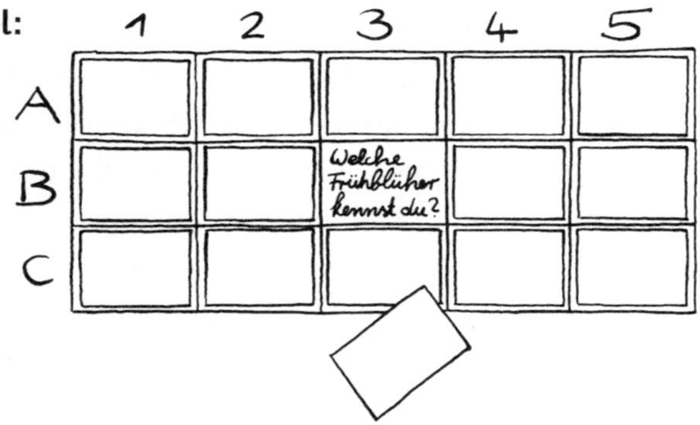

Mit Folienstift werden für die Jahreszeit passende sachkundliche Quizfragen eingetragen. Ein Feld trägt die Aufschrift „RISIKO“. Die Frage auf diesem Feld muss besonders schwierig sein und bringt bei richtiger Beantwortung auch die doppelte Punktzahl. Beim Spiel werden alle Felder mit Kartonplättchen abgedeckt. Nun kann sich jeder selbst sein Schicksal auswählen. A 1, B 2 oder C 2? Jede richtige Antwort bringt 10 Punkte, die Risikofrage 20 Punkte.

Tipp:

Dieses Spiel eignet sich hervorragend zur gemeinsamen Wiederholung vor einem Test. Außerdem kann es auch in anderen Fächern eingesetzt werden.

47 *Ein lustiger Maibaum*

Mai (Kunst)

An einer spiralförmigen Rankstütze für Klettergemüse oder an einem schlanken Ast mit Zweigen werden „neuartige Zunftschilder" befestigt. Jedes Kind erfindet ein Symbol für sein besonderes Hobby, das Lieblingsfach oder den Sportverein.
Die bunt ausgestalteten Symbole werden auf Pappe oder festeres Papier geklebt und ausgeschnitten. Die „Zunftschilder" werden links und rechts am „Baum" angeklebt. Dann wird der „Maibaum" in einen mit Sand gefüllten Eimer gesteckt und vor dem Klassenzimmer aufgestellt.

Anmerkung:

In Regionen, in denen keine Zunftschilder üblich sind, kann die Lehrerin diesen Brauch erklären. Früher zeigten die Symbolschilder Szenen aus Handwerk und Bauerntum. Heute hängen an den Maibäumen auch oft Schilder der ortsansässigen Firmen und Vereine.

48 *Die Welt im Sand* — *Juni (SU)*

Mit diesem Spiel wird der lustbetonte Umgang mit erdkundlichen Medien wirkungsvoll angebahnt. Zur Einführung eignet sich neben einer Weltkarte auch sehr gut ein beleuchteter Globus im verdunkelten Klassenzimmer. Jedes Kind versucht, sich die Form eines Erdteils einzuprägen.
Im Sandkasten oder in der Weitsprunganlage des Schulgeländes findet dann die Probe aufs Exempel statt! Jeder ist einmal an der Reihe und darf mit einem Stöckchen seinen Erdteil ganz groß im Sand darstellen.
Ist das Ergebnis eindeutig, so darf sich der Geograf einen Punkt gutschreiben und auf einem Merkzettel notieren. Bei einem nächsten Durchgang wird er sich dann einen anderen Erdteil auswählen. Zur Kontrolle sollte der Globus mit nach draußen genommen werden.

Variante:

Das Spiel kann auch gut mit der Form der deutschen Bundesländer gespielt werden.

49 *Sommerliche Fensterdeko*

Juni (Kunst)

Für diese kreative Arbeit sind Reste einer durchsichtigen Abdeckplane gefragt. Man schneidet sie in beliebig geformte Stücke oder sogar in Fensterbreite, dann kann man sie später am Fensterrahmen befestigen. So wird das Glas nicht verschmutzt und der Hausmeister hat keinen Grund zum Schimpfen.

Aus bunten Plastiktüten oder Transparentpapier werden Figuren, Pflanzen oder Gegenstände ausgeschnitten und mit Klebstoff zu einer Szene auf die Plane geklebt. Welche Klasse kann denn schon während des Unterrichts das lustige Treiben im Freibad genießen?

Mögliche Themen:

- Im Freibad
- Auf dem Spielplatz
- Märchen
- Wochenmarkt

Tipp:

Bringen Sie die Bilder in passender Höhe am Fenster an, damit sie gleichzeitig während der größten Sonneneinstrahlung auch Schatten spenden können.

50 *Spritzpistolenlauf*

Juni (Sport)

An einem richtig heißen Tag dürfen die Kinder ihre Wasserspritzpistolen von zu Hause mitbringen. Falls die Schule keinen Außenwasserhahn besitzen sollte, müsste auch an Wasserkübel zum „Nachladen“ gedacht werden.

Die Hälfte der Kinder steht mit gefüllten Wasserspritzen in einer Reihe. Ihnen gegenüber befindet sich der Rest der Klasse in angemessener Entfernung. Diese Kinder dürfen nun hintereinander in Gänsemarsch-Manier auf allen vieren über die Wiese robben. Es ist gar nicht so leicht, die beweglichen Ziele zu treffen. Wer es geschafft hat, trocken die andere Seite zu erreichen, wird mit einer Ehrendusche zum Sieger gekürt.

51 *Foto-Klick*

Juli (SU)

Die Lehrerin beklebt ein Kartonstück mit dem Bild einer Pflanze, eines Tiers oder eines sonstigen zum Sachunterricht gehörigen Gegenstandes. Besonders geeignete „Bildquellen“ sind Poster und Pflanzen-Kalender aus der Apotheke.

Dann wird das auf Karton geklebte Bild in mehrere Puzzleteile, Kreissegmente oder Streifen zerschnitten. Zu Spielbeginn wird nur ein Bildteil präsentiert – niemand weiß, um welchen Teil des gesuchten Gegenstandes es sich handelt. Dann wird der zweite Teil hinzugefügt, dann ein weiterer usw. Wichtig ist, dass die Lehrerin sich bereits beim Zerschneiden des Fotos die Reihenfolge überlegt und nummeriert, sodass eindeutige Bildteile erst mit den letzten Puzzlestücken preisgegeben werden.

Die Kinder raten allein oder in Gruppen. Wer den gesuchten Gegenstand zu erkennen glaubt, meldet sich. Bei der richtigen Antwort bringt jedes noch nicht gezeigte Puzzleteil 10 Punkte.

52 *Tiere zeichnen*

Juli (Kunst)

Ist ein Ausflug in den Zoo (oder in den Wildpark oder auf einen Bauernhof ...) geplant?
Prima! Was auf keinen Fall fehlen darf, sind Stifte und Malblock. Wer mag, denkt an eine Unterlage zum Sitzen, ansonsten stehen meistens auch ausreichend Bänke vor den jeweiligen Tiergehegen. Und die gilt es jetzt zu beobachten. Wer schafft es, ein Nashorn so zu zeichnen, dass man es von einem Affen unterscheiden kann?

Besonders lustig wird es dann wieder im Klassenzimmer. Die Kunstwerke werden begutachtet und die Künstler geehrt.

53 *Limbotime*

Juli (Sport)

Dieses Geschicklichkeitsspiel kann wunderbar an einem sommerlichen Tag draußen durchgeführt werden. Jeweils drei Kinder benötigen einen etwa vier Meter langen Hüpfgummi.
Zwei Kinder spannen den Gummi im Nacken, ein drittes Kind windet sich – nach hinten gebeugt – unter dem Gummi durch. Geschafft? Dann ertönt das Kommando: „Achsel!" Nun spannen die beiden Kinder den Gummi in Achselhöhe. Schon nicht mehr ganz so leicht für den „Limbotänzer"! Aber richtig interessant wird es erst bei den Stationen Rippe, Bauchnabel und Hüfte: Wer das noch schafft, ohne auf dem Popo zu landen und die Hände zur Hilfe nehmen zu müssen, der wird als Limbomeister beglückwünscht.

Tipp:

Limbo kann eine Spielstation an einem Schulfest darstellen. Toll passt dazu fetzige südamerikanische Musik aus einem (eventuell batteriebetriebenen) CD-Player.

54 *Boccia-Sätze*

August (Deutsch)

Jeder sammelt drei pflaumengroße Steine und beschriftet sie mit einem Filzstift. Gefragt sind x-beliebige Wörter.

Nun wird ein Springseil, ein Schal oder ein Tuch zu einem Kreis gelegt. Aus größerer Entfernung sollen die Wörtersteine in den Kreis gezielt werden. Hat der letzte Schüler seine Munition abgefeuert, springen alle Mitspieler zum Ziel und setzen sich um den Kreis. Schnell werden die Steine so gedreht, dass jeder die Aufschrift lesen kann. Wer zuerst einen halbwegs sinnvollen Mammutsatz bilden oder eine kurze Geschichte erzählen kann, in der alle Trefferwörter vorkommen, hat gewonnen.

Tipp:

Es darf auch schriftlich formuliert werden. Die lustigste/spannendste/außergewöhnlichste Geschichte wird im Anschluss prämiert.

55 Schnitzeljagd im Sand

August (SU)

Immer zwei Kinder treten gegeneinander an. Im Sandkasten werden zwei Bahnen gekennzeichnet, in denen jeweils drei Botschaften vergraben werden. Dazu beschriftet man ein Stück Papier mit einem Arbeits-, Such- oder Denkauftrag, umwickelt damit einen Stein und buddelt ihn strategisch günstig in den Sand.
Jedes Kind erfindet und versteckt die Aufgaben für seinen Spielpartner, der dabei natürlich nicht zusehen darf.
Die Aufträge könnten folgendermaßen lauten:

Suche nach einem unversehrten Eichenblatt.	Fange eine Ameise in einem Glas und gib ihr Futter.	Rubble mit Wachsmalkreide die Rinde eines Kastanienbaums auf ein Papier.

Auf ein selbst gewähltes Kommando hin beginnen die Naturkenner mit der Suche ihrer Aufgaben. Wer zuerst alle Aufträge erfüllt hat, ist Sieger. Aber ein Eis haben sich natürlich alle Mitspieler für ihre Mühen verdient!

56 *Tier-Olympiade*

August (Sport)

Im Gras werden in unterschiedlicher Entfernung vier Grenzlinien markiert. So entstehen hintereinander drei Zielfelder, denen jeweils ein Tier zugeordnet wird.

Ziel

Affe

Känguru

Floh

Start

Die Kinder springen – eines nach dem anderen – mit Anlauf von einem vereinbarten Punkt ab.
Wer z. B. im Kängurufeld landet, bewegt sich fortan in der typischen Sprungtechnik des Beuteltiers. Im Affenfeld gelandete Schüler legen hingegen mit schlenkernden Armen und fröhlichem Affengebrüll ihren Weg zum Ziel zurück. Und wie bewegt sich wohl der Floh vorwärts?

Variante:

Selbstverständlich können alle möglichen Tiere „mitspielen" und dabei gleichzeitig die Verben aus dem Wortfeld „gehen" geübt werden. Da schleichen sich die Tiger an, watscheln die Enten oder hoppeln die Hasen …

37 *Steckbrief*

September (Deutsch)

Ein Kennenlern- oder Wiedererkennungsspiel nach den Ferien oder für zwischendurch, das sich gut für den Schulbeginn am Morgen oder den Ausklang einer Stunde eignet.

Wer mitmachen will, schreibt zu Hause mit Folienstift (notfalls von der Lehrerin ausgeliehen) auf Klarsichtfolie einige Angaben zu seiner Person.

Beispiel:

- Ich habe einen sehr guten Freund in der Klasse.
- Mein Hobby ist Inlineskaten.
- Nudeln sind mein Lieblingsessen.
- Meistens suche ich mir Kleidung aus, in der die Farbe Blau vorkommt.
- In der Schule rechne ich besonders gerne.
- Mein Hund heißt Tassilo.
- Kennst Du mich?

Dieser Foliensteckbrief wird frühmorgens heimlich der Lehrerin zugesteckt. Pro Tag könnten immer ein oder mehrere Steckbriefe per Overheadprojektor „an die Wand geworfen" werden.

58 *Wolkenbilder*

September (Kunst)

An einem noch warmen, möglichst leicht windigen Tag, an welchem Wolken am Himmel zu sehen sind, begibt sich die Klasse an die frische Luft.

Ausgerüstet mit Zeichenblock und Bleistift sucht sich jeder einen bequemen Liege- oder Sitzplatz und blickt gen Himmel. Dort kann man die tollsten Wolkenformationen entdecken. Bevor sie sich wieder verändern, werden sie rasch aufs Papier skizziert.

Abschließend stellen die Kinder im Sitzkreis ihre Bilder vor und geben den Wolkenformen treffende Namen.

59 *Kastanien im Reifen*

September (Sport)

Heute können alle eifrigen Kastaniensammler ihre Zielsicherheit unter Beweis stellen. Jedes Kind bringt fünf frisch gesammelte Kastanien mit.

In der Turnhalle werden Staffeln gebildet. Für jede Riege liegt ein Gymnastikreifen in reichlicher Entfernung am Boden. Nach dem Startkommando wirft, rollt oder kugelt einer nach dem anderen jeweils eine Kastanie in Richtung Zielkreis und stellt sich hinten wieder an. Sind alle Geschosse abgefeuert, werden die Treffer im Ring gezählt. Achtung: Während des Werfens darf sich kein Kind in der Schusslinie aufhalten!

Nach Spielende müssen alle Kastanien wieder aus der Halle entfernt werden.

60 *Herbstgewitter*

Oktober (Mathe)

Der Donner grollt und der Wind peitscht Regenzahlen in das Klassenzimmer: Ein Kind schreibt mit einem feuchten Schwamm eine Zahl an die Tafel.

Dann zuckt ein Blitz: Auf dem Overheadprojektor ist eine Sekunde lang eine zweite Zahl mit Rechenzeichen zu sehen. Diese Zahl und das Zeichen bestimmt die Lehrerin selbst, denn sie muss blitzschnell in Abstimmung mit der „Regenzahl" an der Tafel ausgewählt werden. Den zweiten Teil der Rechnung müssen sich die Kinder merken.

Wer wohl die Gewitter-Rechnung lösen kann? Konzentration und flottes Arbeitstempo sind gefragt, denn bald schon werden die Regenspuren an der Tafel getrocknet und damit unsichtbar sein.

51 *Blätterpaare finden* Oktober (SU)

Auf jedem Schülertisch liegen verschiedene frisch gefallene oder gepflückte Laubblätter, von jeder Baumart zwei. Nun wird Paare finden mit verbundenen Augen gespielt. Der erste Spieler tastet blind mit den Händen die einzelnen Blätter ab – ihre Umrisse, die Oberflächenqualität, die Blattadern usw. Glaubt er, ein Blätterpaar des gleichen Baumes gefunden zu haben, so darf er die Augenbinde lösen und sein Tastergebnis überprüfen. Wenn der Schüler richtig getippt hat, nimmt er sich eines der beiden Blätter und umfährt dessen Umriss mit einem Stift auf einem Schreibpapier. Daneben werden Stichpunkte zum betreffenden Laubbaum fixiert. Falls der Schüler irrtümlicherweise verschiedenartige Blätter gewählt hat, verewigt er trotzdem beide Blätter im Heft und zählt neben den Zeichnungen die Unterschiede auf. Währenddessen hat sich längst der Tischnachbar die Augen verbunden und stellt nun sein Fingerspitzengefühl unter Beweis.

Tipps:

- Die Blätter, die für die Anfertigung der Zeichnung gebraucht wurden, sollten durch neue ersetzt werden, damit das Spiel unter gleichen Bedingungen fortgesetzt werden kann.
- Natürlich könnte es auch ein Wiesenpaare finden (Blumen, Gräser), ein Wald- (Bucheckern, Eicheln), ein Feld- (Ähren) oder ein Früchtepaare finden geben.

62 *Tornado*

Oktober (Sport)

Die Kinder sitzen im Kreis, ein Schüler befindet sich in der Kreismitte. Er ist der „Wind“.

Reihum blickt er die einzelnen Mitspieler an, einigen von ihnen pustet er zu. Diese Teilnehmer gelten als „umgeblasen“ und legen sich hin.
Die übrigen Sitzenden achten nun darauf, wann sich ein richtiges Lüftlein zusammenbraut! Ruft nämlich der Wind plötzlich „Tornado“, so müssen sie die Beine in die Hand nehmen und laufen, was sie können.

Wen der „Sturm“ erwischt hat, der darf beim nächsten Durchgang in die Mitte kommen.

63 *Novembergeist*

November (Mathe)

Zu diesen Gespensterrechnungen stellt sich ein Kind mit dem Gesicht zur Tafel, eine Kreide schreibbereit zwischen den Fingern. Lautlos huscht von hinten der Novembergeist heran und notiert langsam mit dem hinteren Ende eines Bleistiftes eine wahrhaft schauerliche Rechenaufgabe auf den Rücken des Vordermannes. Dieser empfindet die Zahlen auf dem Rücken nach und überträgt sie Ziffer für Ziffer auf die Tafel.
Abschließend schreibt der Geist noch seinen Namen auf den Rücken des ratenden Kindes.

Wurde die Rechnung richtig übersetzt und der Geist entlarvt, dann geht's ans gemeinsame Lösen der Aufgabe. Im nächsten Durchgang geistert ein anderes Kind durchs Gemäuer.

64 *Ratz, fatz, los!*

November (Deutsch)

Bei diesem Spiel gegen die Winterstarre heißt es aufwachen, Glieder strecken und das Oberstübchen auf Touren bringen.
Eine Tischgruppe verlässt das Klassenzimmer, während die übrigen Kinder von der Lehrerin eine Wortkarte vorgesetzt bekommen, z. B.:

Laterne

Zu dieser Wortkarte suchen alle rasch so viele naheliegende Wortassoziationen, wie Kinder vor der Klasse warten.

Die Sammlung wird auf der Tafelinnenseite vermerkt.

Laterne – Licht – Umzug
Laterne – Kerzen – Kinder
Laterne – Farben – Singen

Die Gruppe wird hereingerufen und bekommt die gleiche Wortkarte gereicht. Auf das Kommando „Ratz, fatz, los!" nennt jedes Kind einen Begriff, der ihm zu „Laterne" einfällt.
Ein Spielleiter hinter der Tafel unterstreicht die Übereinstimmungen. Jede Übereinstimmung zählt einen Punkt. Sollten tatsächlich alle Wörter doppelt genannt werden, so bringt dies der ratenden Gruppe die doppelte Punktezahl ein – ein fetter Gewinn!

65 *Martinsspiel*

November (SU)

Unter dem Motto „Sankt Martin war ein guter Mann" dürfen die Kinder ein neuartiges Brettspiel erfinden, ähnlich dem Monopoly. Der wesentliche Unterschied: Hier gibt es nichts zu kaufen, sondern etwas wird geteilt bzw. geleistet.

Jede Gruppe zeichnet Spielfelder auf Karton oder Papier. Vier Felder haben eine besondere Farbe, etwa rot wie der Mantel vom heiligen Martin. Dafür fertigt jedes Kind aus Karteikarten zwei „Vorschlagskarten" an. Kommt einer durch Würfeln mit seinem Spielstein auf so ein Feld, darf er eine Karte ziehen. Es könnte dort zu lesen sein:

Gehe einmal für alte oder kranke Personen in deiner Nachbarschaft einkaufen.	Überlege dir, wer sich in deiner Klasse über eine winzige Überraschung besonders freuen würde.

Auf diese Weise kommt eine stattliche Sammlung sinnvoller Ideen zusammen, die hoffentlich bald in die Tat umgesetzt werden.

Tipps:

Es empfiehlt sich, die Karten der Kinder vorher zu lesen! Zwei der vier Felder könnten zu grünen Wunschfeldern werden. Hier dürfen die Kinder eigene Wünsche formulieren, z. B.: „Schon lange wünsche ich mir einen netten Brief."

66 *Himmlisches Einmaleins*

Dezember (Mathe)

An diesem Spiel nehmen jeweils zwei Kinder teil. Sie stehen am Overheadprojektor, auf dem eine Folie mit der Zeichnung von zwei neunsprossigen Leitern, die in einer Wolke enden, liegt. Dazu hält jeder Teilnehmer einen ausgeschnittenen Stern in der Hand. Schon ertönt aus dem Publikum die erste Einmaleinsaufgabe. Das Kind, das die Rechnung zuerst richtig löst, darf seinen Stern auf die unterste Sprosse setzen. Errechnet es eine weitere Aufgabe, so klettert der Stern eine Sprosse höher.

Sieger ist, wessen Stern zuerst die Wolke erreicht. Liegt ein Kind drei Sprossen zurück, darf es einen Helfer oder eine Helferin aus der Klasse bestimmen.
Zur Einführung ist es sinnvoll, wenn die Kinder sich auf das Spiel vorbereiten dürfen (Hausaufgabe) und nur mit jeweils zwei bis drei Einmaleinsreihen gespielt wird.

67 *Mini-Christbäume*

Dezember (Kunst)

Der Deckel einer Milchflasche oder eines Gurkenglases dient als Untersatz für kleine Weihnachtsbäumchen.

Zunächst wird der Deckel mit Knetmasse gefüllt. Dort hinein steckt man den hübsch geformten Zweig eines Nadelgehölzes. Ob das Bäumchen nun mit bunten Papierkugeln behängt, mit weißen Flocken (Zucker oder Mehl auf Klebstoff) „beschneit" oder mit selbst gebastelten Lamettastreifen verziert wird, bleibt der Fantasie jedes einzelnen Künstlers überlassen.

Das dekorative Schmuckstück findet während der gesamten Adventszeit an einer Ecke des Schülertisches Platz.

68 *Bälle für den Nikolaus*

Dezember (Mathe)

Quer durch die Turnhalle wird eine Schnur gespannt. Bis zu vier Kinderteams – die Engel – stehen einander gegenüber. In jedem Team gibt es einen Nikolaus (mit Mütze), der einen Sack bzw. einen Eimer bei sich trägt. Ein Engel wirft den Ball nach drüben ins gegnerische Feld. Dort wird rasch reagiert! Hat der Nikolaus nämlich die Chance, gleich als Erster an den Ball zu kommen und ihn einzufangen, so soll er das tun. Steht er jedoch ungünstig, nehmen seine Engel den Ball an. Die dürfen ihn höchstens zweimal innerhalb der eigenen Mannschaft abgeben – beim dritten Mal muss er im Sack vom Nikolaus landen. Dann wechselt der Ball wieder das Feld. Jeder Treffer zählt einen Punkt. Fängt der Nikolaus den ankommenden Ball ohne Engelshilfe, so erhält er dafür 2 Punkte. Bei 10 erreichten Punkten ist die Spielrunde zu Ende.

69 *Bühne frei!*

Verkehrserziehung

Mit diesem kleinen Sketch kann das Verhalten in öffentlichen Verkehrsmitteln nachgespielt werden. Als Requisiten werden mehrere Stühle (Sitzplätze) benötigt. Fahrscheine können aus Papier oder Pappe gebastelt werden.
Neben den Kindern, die als Fahrgäste einsteigen, werden folgende „Schauspieler" gesucht: Busfahrer, älterer Mensch, Mensch mit Krücken oder Gipsbein, Frau mit Kinderwagen …
Die Klasse wird in drei Gruppen eingeteilt. Jede Gruppe soll eine der folgenden Szenen nachspielen:

- **Erste Szene:** In den Bus/die Straßenbahn einsteigen (erst aussteigen lassen, nicht schubsen und drängeln).
- **Zweite Szene:** Fahrschein zeigen bzw. kaufen.
- **Dritte Szene:** Im Bus diszipliniert verhalten, nicht herumtoben, nicht an den Haltestangen turnen, älteren, kranken und behinderten Menschen einen Platz anbieten.

Dabei erhalten die Gruppen den Auftrag, bewusst einen Fehler in ihren Sketch einzubauen. Die anderen Kinder müssen diesen Fehler herausfinden und korrigieren.

Varianten:

- Verhalten an einer Kreuzung ohne Ampel
- Spielen auf der Straße
- Verkehr wird durch Polizisten auf der Kreuzung geregelt

70 *Wir machen eine Fahrradtour*

Verkehrserziehung

Der Spielleiter erklärt den Kindern, dass sie auf eine große Fahrradtour gehen werden. Darauf müssen alle vorbereitet sein, vor allem muss das Fahrrad verkehrssicher sein.
Der Spielleiter beginnt: „Wir machen eine Fahrradtour, dazu nehme ich eine Klingel mit." Der nächste Spieler fährt fort: „Wir machen eine Fahrradtour, dazu nehme ich eine Klingel und Speichenreflektoren (Katzenaugen) mit." Die Dinge des vorherigen Spielers müssen jeweils wiederholt werden und durch ein weiteres Teil ergänzt werden. Möglich sind alle Fahrradteile, die zum verkehrssicheren Fahrrad gehören sowie weitere Zubehörteile wie Luftpumpe, Satteltaschen usw.
Wer beim „Vorbereiten" der Fahrradtour etwas vergisst, scheidet aus oder gibt ein Pfand.

Variante:

Hat ein Kind den Gegenstand eines „Vorgängers" vergessen, so darf dieser ihm durch Beschreiben weiterhelfen.

71 *Fahrt ins Ungewisse* — *Verkehrserziehung*

Bei diesem Spiel werden kleine Spielautos sowie dazu passende Verkehrszeichen benötigt. (Teilweise sind sie in der Ausstattung der Grundschule vorhanden oder man kopiert sie farbig aus einem Verkehrserziehungsheft oder -buch und laminiert sie. Auch in Spielwarengeschäften sind sie käuflich zu erwerben.)

Auf einem großen Zeichenkarton werden Straßen aufgezeichnet. Dann wird eine Strecke markiert, die die Spieler mit ihren kleinen Autos durchfahren müssen.
Der Spielleiter stellt nun während dieser Fahrt nacheinander von ihm gewählte Verkehrszeichen auf. Der Spieler kann also nicht schon vor Spielantritt überlegen, wie er sich bei den einzelnen Verkehrszeichen verhalten soll, sondern muss sich während der Fahrt entscheiden.
Wer sich bei mindestens fünf Verkehrszeichen innerhalb einer begrenzten Zeit richtig verhält, bekommt einen Preis.

Variante:

Dieses Spiel kann auch auf dem Schulhof gespielt werden. Entweder fahren die Spieler auf einer markierten Strecke mit Inlineskates oder Rollern bzw. Fahrrädern oder sie stellen ein entsprechendes Fahrzeug mit Geräusch dar. Die Schilder kann man hierzu groß aus Tonkarton ausschneiden, damit sie von Schülern hochgehalten werden können.

72 *Verkehrsquiz*

Verkehrserziehung

Die Spieler brauchen auf die Fragen des Spielleiters nur mit a, b oder c zu antworten. Wer am meisten Fragen richtig beantwortet hat, ist Verkehrssieger.

Beispiele für Fragen:

1. *Wie muss man sich beim Überschreiten der Fahrbahn verhalten?*
   a) langsam losgehen und aufmerksam auf den Verkehr achten
   b) an der Gehwegkante stehen bleiben und erst nach links und dann nach rechts sehen
   c) mit anderen Kindern gehen und sich darauf verlassen, dass sie sich richtig verhalten
2. *Wo kann man als Fußgänger am sichersten über die Fahrbahn gelangen?*
   a) an Kreuzungen mit Verkehrspolizisten oder Ampeln
   b) außerhalb von Kreuzungen
   c) an Kreuzungen ohne Verkehrspolizisten oder Verkehrsampeln
3. *Wo darf man spielen?*
   a) auf Spielplätzen
   b) auf dem Gehweg oder Parkplatz
   c) auf der Fahrbahn, wenn sich keine Autos nähern
4. *Wie soll man als Fußgänger die Fahrbahn überqueren?*
   a) zwischen haltenden und parkenden Fahrzeugen hindurch

b) auf dem kürzesten Weg
c) schräg über die Straße laufen, wenn man das Ziel auf der anderen Straßenseite so schneller erreichen kann

5. *Wo darf man die Fahrbahn überqueren, wenn parkende oder haltende Fahrzeuge am Straßenrand stehen?*
   a) unmittelbar vor oder nach den Fahrzeugen
   b) in einem angemessenen Sicherheitsabstand
   c) an einem nächsten gekennzeichneten Übergang
6. *Wo sollst du mit deinem Fahrrad fahren?*
   a) auf der Fahrbahn, zwischen Kraftfahrzeugen eingeordnet
   b) auf der äußersten rechten Seite der Fahrbahn
   c) auf dem Radweg
7. *Wie verhält man sich als Fußgänger bei schlechten Sichtverhältnissen?*
   a) mit einer Taschenlampe den Auto- und Radfahrern Lichtsignale geben
   b) helle Kleidungsstücke und Gegenstände tragen, die weithin sichtbar sind
   c) dunkle Kleidung tragen, um andere Verkehrsteilnehmer nicht zu erschrecken
8. *Wie lautet die Notrufnummer der Polizei?*
   a) 112
   b) 110
   c) 114

Lösungen:

1b, 2a, 3a, 4b, 5c, 6c, 7b, 8b

73 Geräusche raten

Gesundheit

Lernen mit allen Sinnen ist in der Grundschule besonders wichtig. Im Sachunterricht können die Sinne „Sehen", „Hören", „Riechen" und „Tasten" im Rahmen der Lernziele zum Körper besonders gut in den Mittelpunkt gestellt werden.

Einem Kind werden die Augen verbunden. Jeweils ein Schüler macht dazu ein Geräusch, z. B. einen Keks essen, an ein Glas schlagen usw. Das „blinde" Kind muss das Geräusch erraten.

Varianten:

- Das Spiel kann auch mit Bezug zur Verkehrserziehung durchgeführt werden, nach dem Motto: „Auf der Kreuzung ist was los!" Einige Kinder werden dafür mit verschiedenen Klangkörpern (z. B. Klingel für Fahrrad, Hupe für Auto) ausgestattet und verteilen sich im Raum.
- Schwieriger wird es, wenn die Richtung, aus der das Geräusch kommt, zusätzlich mit angegeben werden soll.

74 *Erkenne den Klang!* *Gesundheit*

Dieses Spiel eignet sich ebenfalls gut, die Aufmerksamkeit und den Gehörsinn der Schüler spielerisch zu schulen.

Auf dem Tisch stehen acht bis zwölf verschiedene Gegenstände. Der Spielleiter klopft zunächst mit einem Metallstäbchen (z. B. Nagel) und dann mit einem Holzstäbchen (z. B. Bleistift) an jeden Gegenstand.
Die Kinder hören aufmerksam auf den jeweiligen Klang. Dann stellen sich die Kinder mit dem Rücken zum Tisch.

Der Spielleiter klopft mehrmals zuerst mit dem Holzstäbchen, dann mit dem Metallstäbchen an einen beliebigen Gegenstand. Wer von den Schülern den Gegenstand zuerst erkennt, erhält einen Punkt.

75 Blinder Parcours

Gesundheit

Mit den Augen nimmt der Mensch alle Gegenstände wahr. Er kann Hell und Dunkel unterscheiden, Farben und Bewegungen erkennen.

Was passiert, wenn unsere Augen mit einem Tuch „außer Gefecht" gesetzt sind? Reicht unser Erinnerungsvermögen aus, einen Weg mit Hindernissen abzulaufen?

Zehn Kegel stehen auf dem Weg. Die Kinder prägen sich die Aufstellung der Kegel gut ein, dann werden die Augen verbunden. Wer schafft es durchzugehen, ohne auch nur einen Kegel umzustoßen?

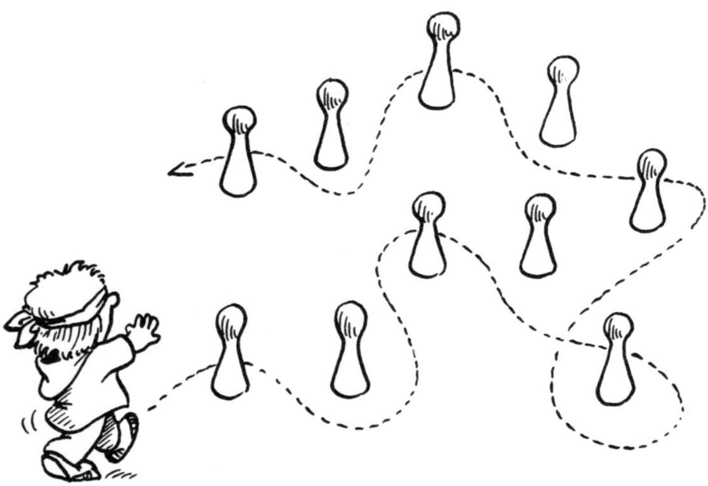

76 *Zeichne im Dunkeln!*

Gesundheit

Auch dieses Spiel eignet sich, die Aufmerksamkeit der Kinder zu schulen und die Bedeutung der Augen zu zeigen.

Es werden drei Mannschaften gebildet. Jeder Mitspieler hat ein Blatt Papier und einen Bleistift vor sich liegen. Nach Aufforderung durch den Spielleiter zeichnen die Kinder mit verbundenen Augen in einer bestimmten Reihenfolge ein Haus mit zwei Fenstern, einer Tür, einem Zaun und zwei Bäumen zu beiden Seiten des Hauses. Danach wird verglichen: Wessen Zeichnung ist am eindeutigsten?

Die Besten aus den drei Mannschaften treten nun an der Schultafel zum Endausscheid an. Dafür wird die Tafel durch Kreidelinien in drei Felder geteilt. Mit verbundenen Augen zeichnen diese drei Schüler jeweils an ihrem Abschnitt der Tafel wieder nach Anweisung des Spielleiters den Kopf eines Menschen: erst den Umriss des Kopfes, dann den Mund, die Haare, das linke und rechte Auge, die Ohren usw.

Nach Ermittlung der Siegermannschaft kann das Spiel mit dem blinden Zeichnen verschiedener Motive (Baum, Tier, Auto usw.) wiederholt werden.

77 *Links oder rechts?*

Gesundheit

Mit diesem kleinen Experiment können die Schüler ihre Augen überlisten. Jedes Kind braucht dafür einen Partner.

1. Jeweils ein Schüler streckt die Arme über Kreuz aus, sodass sich die Handflächen berühren.

2. Als Nächstes faltet er die Hände.

3. Die gefalteten Hände werden erst nach unten und dann weiter aufwärts zum Kinn gedreht.

4. Das andere Kind zeigt auf einen Finger, ohne diesen zu berühren. Dieser Finger soll bewegt werden.

Wenn man sich nicht sehr konzentriert, bewegt sich automatisch der entsprechende Finger der anderen Hand. Die Augen sehen die linke jetzt als rechte Hand und umgekehrt und melden es so dem Gehirn.

78 *Fühl mal!*

Gesundheit

Auch der Tastsinn (Hände und Füße) hilft uns, die Welt zu erkennen. Mithilfe unzähliger Nervenzellen kann man unterscheiden, ob ein Gegenstand fest, weich, glitschig, seifig, glatt, seidig … ist.

Die Spieler sitzen um einen Tisch, die Hände werden unter den Tisch gehalten. Der Spielleiter gibt nun Gegenstände aus den unterschiedlichsten Materialien (Seife, Leder, Felle, Sandsäckchen …) unter dem Tisch herum.
Die Schüler ertasten diese Gegenstände mit den Händen und sagen, um welchen Gegenstand es sich handeln könnte. Wer einen Gegenstand richtig erkannt hat, bekommt einen Punkt. Wer die meisten Punkte hat, ist Tastmeister.

Mit den Füßen unterschiedliche Materialien zu ertasten, wird für viele Kinder eine ganz neue Erfahrung darstellen. Verschiedene Dinge wie grober Sand, Getreide, Reis, Kreide, Blätter, Stoffe (Lederreste, Baumwollstoffe …) oder Ähnliches werden in flachen Gefäßen auf den Fußboden gestellt. Den Kindern werden die Augen verbunden. Dann ertasten sie vorsichtig mit nacktem Fuß die Materialien. Bei jedem Material müssen sie sagen, worum es sich handelt. Auch hier können Punkte vergeben werden.

79 *Wer bin ich?*

Gesundheit

Alle Schüler schmücken sich an einer sichtbaren Stelle mit einem markanten Gegenstand, z. B. Kette, Ohrring, Tuch usw.

Die Kinder schauen sich zunächst ganz genau an. Dann werden einem Kind die Augen verbunden. Nur mithilfe der Hände soll es jetzt die anderen Kinder erkennen. Wer die meisten Kinder erkennt, ist Tastmeister.

80 *Schnüffeln erlaubt!* *Gesundheit*

Auch der Geruchssinn lässt sich spielerisch testen.

Einem Mitspieler werden die Augen verbunden, bevor ihm allerlei Sachen unter die Nase gehalten werden: Brot, Apfel, verschiedene Gewürze, Seife oder ein abgegriffenes Buch.
Es ist kaum zu glauben, wie viele alltägliche Dinge einen charakteristischen Geruch haben, den man normalerweise gar nicht beachtet.

Variante:

Wer noch Filmdosen von Negativfilmen hat, kann auch diese mit Geruchsproben füllen. Besonders gut dafür eignen sich z. B. Kräuter und Gewürze.

81 *Koordinationstest*

Gesundheit

Koordination ist die wichtige Fähigkeit des Gehirns, alle Teile des Körpers (vor allem die Muskeln) zusammenarbeiten zu lassen.

Die Lehrerin gibt den Schülern folgende Anweisung: „Klopfe mit der linken Hand auf den Kopf und streiche gleichzeitig kreisförmig mit der rechten Hand über deinen Bauch!"

In der folgenden Auswertung stellen die Kinder fest: Es ist gar nicht so einfach, verschiedene Dinge gleichzeitig zu tun. Dem Gehirn fällt es sehr schwer, den beiden Händen zur gleichen Zeit verschiedene Befehle zu geben.

32 Bäume fühlen

Natur

Die Kinder befühlen im Wald Rinden, Nadeln und Blätter (glatte Buchenrinde, raue Eichenrinde, weiche und abgerundete Nadeln, harte und spitze Nadeln ...) von verschiedenen Bäumen. Dann werden den Kindern nacheinander die Augen verbunden und sie werden einzeln, möglichst im Zickzack, an einen Baum geführt, den sie ertasten sollen. Haben sie den Baum richtig ertastet, geht es zum nächsten. Wer ertastet die meisten Bäume richtig?

Variante:

Einem Kind werden die Augen verbunden. Dann wird es zu einem unbekannten Baum geführt, den es jetzt kennenlernen soll: Wie riecht er? Wie fühlt er sich an? Welchen Umfang hat sein Stamm? Welche Form haben die Blätter? Danach wird es vom Baum weggeführt. Vom Ausgangspunkt soll es nun – ohne Augenbinde – zu seinem Baum gehen und ihn benennen.

83 Rindenbilder

Natur

Die Aufgabe lautet: Wer malt das schönste Rindenbild?

Ein Stück Papier wird mit einem Bindfaden fest um einen Baum gebunden. Mit einem Wachsmalstift rubbeln die Kinder vorsichtig über das Blatt Papier.
Man sollte dabei so viele verschiedene Bäume wie möglich aussuchen, damit man anschließend besser vergleichen und auswerten kann.
Die Bilder können in der Klasse ausgehängt werden.

34 *Was gehört zusammen?* — *Natur*

In diesem Spiel geht es darum, herauszufinden, welche Teile zusammengehören und somit ein Paar bilden.

Benötigt werden verschiedene Gegenstände aus der Natur, z. B. Ei und Eierschale, Blüte und Blatt, Frucht (z. B. Kastanie) und Blatt, Zwiebel (Tulpe) und Blüte …

Je nachdem, wie viele Naturmaterialien vorhanden sind, können die Kinder paarweise spielen oder es werden Gruppen gebildet.
Einem Kind werden die Augen verbunden. Es muss nun herausfinden, um welche Gegenstände es sich handelt und welche zusammengehören.
Hat das Kind ein Paar richtig erkannt, kann es weitermachen. Wenn nicht, ist der nächste Schüler an der Reihe.

85 *Kastanienmännchen und Co.* Natur

Im Stadtpark, bei einem Wandertag oder eventuell auch auf dem Schulgelände werden Kastanien, Eicheln, Bucheckern, kleine Stöckchen, Moos, Gras und Blätter gesammelt.

Daraus lassen sich dann im Klassenzimmer schöne Tiere und Männchen basteln. Die Kinder können sich dazu eine ganze Waldgeschichte oder Urwaldgeschichte ausdenken – der Fantasie sind keine Grenzen gesetzt.

Beispiel:

Zwei Kastanien werden durch kleine Holzstifte (z. B. abgebrannte Streichhölzer) miteinander verbunden. Eine Kastanie stellt den Körper, eine den Kopf dar. Als Arme und Beine dienen dünne Zweige. Für die Hände werden Hagebutten, für die Füße halbierte Eicheln benutzt. Den Kopf bildet eine ganze Eichel. Als Hütchen kann man Bucheckern, Eichelbecher, Moos oder Gras einsetzen. Damit die Zweige gut halten, werden mit einem Nagelbohrer kleine Löcher in die Kastanien, Eicheln und Hagebutten gebohrt. Die Lehrerin zeigt vorher den richtigen Umgang mit dem Bohrer. Das Gesicht kann beliebig verziert werden.

36 Blätterzoo

Natur

Während eines Waldspaziergangs werden unterschiedliche Blätter gesammelt und zu Hause gepresst. Die schnellste Methode ist dabei das Bügeln der Blätter: Über die Blätter wird ein Löschblatt und darüber ein Baumwollstoff gelegt und alles etwa 30 Sekunden lang vorsichtig gebügelt.

Aus den getrockneten Blättern können die Kinder nun Tiere für den Zoo herstellen. Dazu werden die getrockneten Blätter mithilfe einer Pinzette sorgfältig auf ein großes Stück Zeichenkarton aufgeklebt. Die Fantasiegebilde können im Anschluss gerahmt und verschenkt werden oder das Klassenzimmer herbstlich schmücken.

Variante:

Anstelle von „Tieren" können z. B. zu Halloween Flattermänner oder Monster aus Blättern gebastelt werden. Wer hat dabei die „gruseligsten" Ideen?

87 *Naturpaare finden*

Natur

Es gibt die unterschiedlichsten Bodensorten. Man kann sie an der Farbe, an der Körnigkeit und auch am Geruch unterscheiden. Aber kann man sie auch am Geräusch auseinanderhalten?

Als Bodenproben eignen sich z. B. Sand, Kies, Mulch, Torf, Blumenerde ... Außerdem werden undurchsichtige Gefäße (z. B. Filmdosen) oder kleine Marmeladengläser und undurchsichtige Folie benötigt.

Die Gläser werden mit der Folie umhüllt, damit man die Bodenproben nicht sehen kann. In je zwei Gläser kommt die gleiche Bodenprobe. Die Gläser werden verschlossen auf den Tisch gestellt. Nun nimmt ein Kind hintereinander zwei Gläser und schüttelt sie. Verursachen beide das gleiche Geräusch, darf das Kind sie zur Seite stellen und sich die nächste Bodenprobe vornehmen.

Variante:

Jedes Kind sammelt zu Hause eine Bodenprobe und fertigt ein Glas damit an, das am Boden mit einem Aufkleber beschriftet wird (Art der Probe, Fundort). Wer erkennt am Geruch seine Bodenprobe wieder? Die Kinder riechen (eventuell mit verbundenen Augen) in jedes Glas und mit einem Blick auf den Aufkleber wird festgestellt, ob sie richtig gelegen haben.

38 *Tierrätsel*

Natur

Die Kinder überlegen sich ein Tier, geben Hinweise, wo das Tier lebt, was es frisst, wie es sich fortbewegt … Anschließend kann das Rätsel den Mitschülern mit folgender Einleitung gestellt werden: „Ich denke mir ein Tier …" Wer das Tier erraten hat, ist als Nächster an der Reihe.

Varianten:

- Die Kinder machen die Bewegungen der Tiere nach. Wer das Tier erraten hat, kann das nächste Rätsel stellen.
- Auch Tierstimmen können imitiert werden. Außer dem üblichen Miauen, Bellen und Muhen bieten sich Tieräußerungen mit etwas erhöhtem Schwierigkeitsgrad an: Wie hört sich denn eine schnurrende/fauchende Katze oder ein knurrender/winselnder Hund … an?

89 Tier-Abc

Natur

Jedes Kind schreibt das Alphabet untereinander auf. Auf das Zeichen des Spielleiters suchen die Kinder für jeden Buchstaben ein Tier. Wenn für manche Buchstaben (z. B. X) nichts gefunden wird, werden diese ausgelassen. Oder die Kinder dürfen sich Fantasienamen wie „Xanadu" überlegen. Wer in der vorgegebenen Zeit die meisten Tiere gefunden hat, ist Sieger!

Beispiele:

A : Affe
B : Bär
C : Chamäleon
D : Dachs
E : Esel
F : Fuchs
G : Gans
H : Hamster
I : Igel
J : Jaguar
K : Katze
L : Löwe
M : Maus
N : Nashorn
O : Orang Utan
P : Pinguin
Q : Qualle
R : Ratte
S : Schwein
T : Taube
U : Uhu
V : Vogel
W : Wolf
X : Xanadu?
Y : Yak
Z : Zebra

Varianten:

- Man kann das Spiel auch als Quizrunde gestalten. Es werden drei Teams gebildet. Der Spielleiter gibt einen Buchstaben vor. Welche Mannschaft am schnellsten ein Tier mit diesem Buchstaben nennt, erhält den Punkt.
- Selbstverständlich können auch andere Natur-Alphabete, z. B. zu Bäumen, Blumen usw., gesucht werden.

90 *Im Zoo*

Natur

Im Zoo gibt es viele Tiere. Deshalb wählt jedes Kind ein Tier, das es gerne sein möchte. (Es sollten möglichst Tiere gewählt werden, deren Stimme man gut nachmachen kann.) Alle Tiernamen werden an die Tafel geschrieben.

Anschließend erzählt der Spielleiter eine Geschichte, in der möglichst viele Tiere vorkommen. Das Kind, das den Namen seines Tiers hört, steht auf und ahmt die Stimme des Tiers nach. Kommt in der Geschichte das Wort „Zoo" vor, springen alle Kinder auf und ahmen die Stimme ihres Tiers nach.

Wer nicht aufpasst, kommt in den „Käfig". Der wird zuvor aus Stühlen in einer Zimmerecke aufgebaut. Der „Gefangene" darf von dort aber weiter mitmachen und wird in der nächsten Runde wieder „befreit".

91 *Monatsrätsel* *Natur*

Anhand bestimmter Merkmale sollen die Kinder in diesem Spiel die Monate charakterisieren.

Ein Kind fängt z. B. so an: „Mein Monat ist im Sommer und in meinem Monat ist der längste Tag des Jahres." Wer den Monat Juni richtig erkannt hat, darf den nächsten Monat mit typischen Merkmalen umschreiben.

Es wird festgelegt, dass die Monatsnamen nicht in der richtigen Reihenfolge auftreten sollen. Die Monate dürfen auch mehrmals auftauchen, aber mit neuer Umschreibung.

Beispiele:

- Januar: 1. Monat, oft Schnee
- Februar: kürzester Monat, Karneval/Fasching
- März: Frühblüher, Ostern
- April: macht, was er will
- Mai: Sonne scheint, Maiglöckchen
- Juni: erste Kirschen, längster Tag
- Juli: Freibad, Ferien
- August: Reisezeit, Schulanfang (je nach Bundesland)
- September: Obsternte (Äpfel, Birnen, Zwetschgen)
- Oktober: Wind, Drachen steigen lassen
- November: Martinstag, neblig, feucht, stürmisch
- Dezember: Nikolaus, Weihnachten

92 *Frühling, Sommer, Herbst und Winter*

Natur

Die Klasse wird in vier Gruppen geteilt. Jede Gruppe erhält den Auftrag, eine Jahreszeit darzustellen. Die Gruppen wissen nicht, welche Jahreszeiten die anderen Gruppen darstellen sollen.

Leise beraten die Kinder nun, welche Merkmale die jeweilige Jahreszeit hat und was sie am besten spielen können. Nach einer festgelegten Zeit wird vorgespielt. Die anderen Gruppen müssen herausfinden, um welche Jahreszeit es sich jeweils handelt. Allerdings dürfen sie es nicht laut sagen, sondern notieren es auf einem Zettel. Welche Gruppe hat alle Jahreszeiten richtig erkannt? Welche Gruppe hat am besten gespielt?

Beispiele:

- **Frühling:** Bienengesumm, Vogelgezwitscher, Herumtollen, leichtere Kleidung (Jacke ausziehen) ...
- **Sommer:** Rucksack packen für den Urlaub, Schwimmbewegungen nachmachen, Ball spielen, kurze Sachen tragen (Hochkrempeln der Kleidung) ...
- **Herbst:** Blätter fallen lassen, Wind nachmachen (pusten), Regenschirm öffnen, Obst essen, Drachen steigen lassen ...
- **Winter:** Schnee fallen lassen, Schneeballschlacht nachspielen, frieren, dicke Sachen anziehen ...

93 *Knetmännchen*

Material:
Bunte Knetmasse

Durchführung:
Dieses Spiel ist besonders für die erste Klasse geeignet. Immer wenn ein neuer Buchstabe eingeführt wird, kann ein Buchstabenmännchen oder auch ein Buchstabentier geknetet werden.
Zuerst wird der neue Buchstabe geknetet. Steht die Grundform, dann können die Kinder sie beliebig verzieren.
Man kann dem Männchen z. B. einen Hut aufsetzen, einen Spazierstock kneten und Schuhe anziehen. Eine Buchstabendame könnte beispielsweise langes Haar, einen Blumenstrauß oder Stöckelschuhe gebrauchen.

94 Buchstabenbilder

Material:
Papier, Buntstifte, Wachsmalstifte

Durchführung:
Das Spiel kann bei jedem neu eingeführten Buchstaben zur Vertiefung angeboten werden.
Die Lehrerin kündigt an: „Heute malen wir ein Bild nur aus Buchstaben." Möglichkeiten gibt es viele: ein Haus, einen Roboter, ein Tier, einen Garten, ein Auto ...

Variante:
In der ersten und am Anfang der zweiten Klasse können die Buchstaben diktiert werden und bei der Gelegenheit gleichzeitig auch wiederholt werden. Die Kinder malen dabei ein frei gewähltes Thema nach Buchstabendiktat.

95 *Stempelbilder*

Material:
Für jedes Kind je einen Stempel und ein Stempelkissen (Es kann ein einzelner Buchstabe oder ein einzelnes Wort auf dem Stempel sein. Weniger geeignet sind Stempel mit Zeichnungen.)

Durchführung:
Ist jeder mit Papier ausgerüstet, dann geht`s los. Gestempelt werden können Bäume, Häuser, eine ganze Stadt, das Lieblingstier, der beste Freund oder was den Schülern selbst noch so einfällt!

Tipp:
Die Kinder stempeln am besten immer von innen nach außen. Wenn sie z. B. eine Blume stempeln wollen, dann fangen sie mit einem Kreis (Inneres der Blüte) an und stempeln danach die Blütenblätter.

Variante:
Lustig ist es auch, mit Ziffern oder Zahlen ein Bild zu stempeln. Ein Bild mit einem Geburtstagsdatum kann große Freude bereiten!

96 Buchstabenrätsel

Material:
Papier, Stifte

Durchführung:
Jedes Kind malt ein Bild und versteckt in seinem Bild einen bestimmten Buchstaben (eventuell auch mehrmals den gleichen Buchstaben oder mehrere verschiedene Buchstaben). Das Bild wird mit dem Nachbarn getauscht, der den oder die Buchstaben suchen darf.

Variante:
Es kann auch eine geometrische Form, z. B. ein Viereck bzw. Rechteck, versteckt werden. Oder es werden möglichst viele Kreise, Dreiecke usw. ins Bild „gemogelt". Der Partner muss die richtige Anzahl benennen.

LÖSUNG: O, L, m, U

97 *Moderne Kunst*

Material:
Papier, Stift, Tafel, Kreide

Durchführung:
Die Klasse wird in zwei Gruppen eingeteilt. Jede Gruppe sammelt zu einem bestimmten Stichwort Begriffe und schreibt diese auf. Wenn das Stichwort „Tiere" lautet, können also alle möglichen Tierarten gesammelt werden. Im Anschluss sammelt die Lehrerin die Blätter ein. Ein Kind geht an die Tafel und bekommt die Augen verbunden. Die Lehrerin flüstert ihm einen Begriff der anderen Gruppe ins Ohr. Das Kind zeichnet möglichst schnell und deutlich das gesuchte Wort an die Tafel, die eigene Gruppe versucht, den Begriff zu erraten. Wird der Begriff nach einer Minute noch nicht herausgefunden, darf die andere Gruppe das Bild lösen.

98 Mein Stimmungswasserglas

Material:
Wasserglas (eventuell Marmeladengläser mitbringen lassen!), Pinsel, Wasserfarben

Durchführung:
Die Kinder färben ihr Wasserglas mit ihrer Stimmungsfarbe. Anschließend führen sie mit ihrem Nachbarn ein Gespräch darüber, warum sie diese Farbe gewählt haben, zu welcher Stimmung sie passt und wie sie sich gerade fühlen.

Anmerkung:
Den Schülern sollte der Zusammenhang von Farben und Gefühlen bekannt sein. Dazu gehört z. B., dass Blau, Grün und Violett „kalte" Farben sind und somit einen bestimmten Eindruck erzeugen. Die Schüler sollten auch erfahren, wie die Werbung durch Farben beeinflusst und welche Farben hauptsächlich verwendet werden. In diesem Zusammenhang könnte die Frage gestellt werden, mit welchen Farben die höchste Aufmerksamkeit erreicht wird.

Variante:
Dieses Spiel kann zur Einstimmung im Morgenkreis durchgeführt werden. Ein Kind darf in der Kreismitte seine Stimmung darstellen.

99 *Kreative Notenschrift*

Material:
Papier, Stifte, Orff-Instrumente

Durchführung:
Die Klasse ist in zwei Gruppen eingeteilt. Jede Gruppe erfindet mit Orff-Instrumenten ein kurzes Musikstück (z. B. „Wettermusik") und notiert dieses fantasievoll auf Papier (verschiedene Strichlängen, verschiedene Farben für helle bzw. dunkle Klänge ...). Das Notenpapier wird mit der anderen Gruppe ausgetauscht. Diese versucht, die Notenschrift wieder in Musik umzusetzen. Dabei können sich die Kinder an vorher besprochenen Merkmalen orientieren. Ein langer Strich steht z. B. für einen langen Ton, ein kurzer Strich für einen kurzen Ton und die Strichhöhe zeigt die Tonhöhe an. Abschließend werden die Musikstücke miteinander verglichen.

00 Die große Farbentaufe

Material:
Farbkarten (Diese können aus Tonpapier/Fotokarton ausgeschnitten oder von der Lehrerin bzw. den Schülern mit Karton und Wasserfarben hergestellt werden.)

Durchführung:
Die Kinder ziehen jeweils eine bis zwei Farbkarten. Dann besprechen sie sich mit ihrem Nachbarn und finden einen möglichst passenden Farbnamen. Anschließend stellen sie ihre Farbe mit Namen der Klasse vor.

Tipp:
Je kreativer die Farbnamen werden, desto lustiger und fantasievoller wird das Spiel. Gelbe Karten können z. B. „eidottergelb", „eitergelb", „sonnenblumengelb", „vanilleeisgelb" ... sein, um nur einige Möglichkeiten zu nennen.

Variante:
Die Kinder wählen sich eine Farbkarte und schicken einem Freund oder dem Tischnachbarn einen Farbengruß. Dabei schreiben sie auf einen kleinen Beizettel, warum sie diese Farbe für den anderen ausgewählt haben, z. B.:

- „Ich schicke dir heute ein Knallrot, weil ich mich schrecklich über meine Schwester geärgert habe!"
- „Ich schicke dir ein Sonnengelb, weil ich hoffe, dass wir heute Hitzefrei bekommen."

101 *Farbpaare finden*

Material:
Karton oder dickeres Papier (in Quadrate geschnitten), Wasserfarben

Durchführung:
Zunächst stellen sich die Gruppen ihre Spiele selbst her. Jeder Spieler fertigt drei Kartenpaare an. Auf der Vorderseite werden jeweils zwei Karten in der gleichen Farbe angemalt. Dafür müssen sich die Kinder gut absprechen, wer welche Farben verwendet. Wenn die Karten getrocknet sind, können sie zur besseren Haltbarkeit noch laminiert werden.
Alle Karten werden gemischt und umgedreht. Die Kinder spielen zu fünft oder sechst Paare finden nach den bekannten Regeln. Immer ein Kind darf zwei Karten aufdecken, betrachten und wieder umdrehen. Hat es zwei gleichfarbige Karten aufgedeckt, darf es sie behalten. Ziel des Spiels ist es, sich möglichst die Lage und die Farbe der einzelnen Karten zu merken und so viele Paare wie möglich zu sammeln.

Varianten:
Die Schüler können auch ein anderes Paare finden-Spiel selbst gestalten, bei dem ebenfalls zwei Karten ein Paar bilden, z. B. Farbe und Farbname, Gegenteile, Tiere …

102 Impulsbilder

Material:
Motiv-Vorlage (siehe unten), Buntstifte oder Bleistift

Durchführung:
Hier ist die Fantasie von Lehrerin und Schülern gefragt! Die Kinder bekommen eine Kopie eines Alltagsgegenstandes, eine unfertige Zeichnung, ein altes Foto oder Ähnliches. Der Auftrag lautet, das Bild fertig zu zeichnen. Dies kann frei geschehen oder es können auch ganz konkrete Zeichenaufträge gegeben werden. Wenn auf der Kopie z. B. ein Schlüssel abgebildet ist, kann der Auftrag lauten: „Zeichne daraus einen Dinosaurier."
Je abwegiger die Aufgabenstellung den Kindern erscheint, desto mehr Kreativität kommt bei der zeichnerischen Lösung mit ins Spiel!

Variante:
Die Schüler zeichnen immer drei Minuten lang an einem Bild und geben es dann im Uhrzeigersinn weiter.

103 *Partnermalen*

Material:
Ein Papier für jeweils zwei Kinder, Wachsmalkreiden oder Farbstifte, eine Sanduhr

Durchführung:
Die Kinder arbeiten paarweise zusammen. Vor Spielbeginn wird eine Zeitspanne vereinbart, z. B. dreißig Sekunden. Ein Kind beginnt, ein beliebiges Bild zu malen, während die Sanduhr läuft. Wichtig ist, dass die Banknachbarn nicht miteinander sprechen und sich nicht über den Bildinhalt austauschen. Wenn die Sanduhr abgelaufen ist, werden die Rollen getauscht. Das andere Kind zeichnet weiter und der vorherige Maler schaut nun zu. So wird beliebig oft abgewechselt. Nach dem Malen besprechen die beiden Partner den Inhalt ihres fertigen Bildes. Anschließend stellen sie ihr Bild der Klasse vor und erläutern es.

Variante:
Jedes Kind denkt sich ein Tier aus, das es zeichnen will. Nun haben beide Partner eine halbe Minute Zeit, mit ihrem Tier anzufangen. Ist die Zeit um, wird das Blatt mit dem Nachbarn getauscht. Der zeichnet sein eigenes Tier weiter – ein „Wolpertinger“ entsteht. Auch hier kann beliebig oft getauscht werden.

04 *Zusammengesetzte Nomen zeichnen*

Material:
Papier, Buntstifte oder Filzstifte

Durchführung:
Die Schüler sollen sich zusammengesetzte Nomen ausdenken und anschließend zeichnen. Dazu müssen die zusammengesetzten Nomen „zerlegt" werden, denn es sollen zwei Bilder entstehen. Wenn ein Kind z. B. das Nomen „Schultüte" darstellen möchte, zeichnet es (als Hausaufgabe oder so, dass die anderen Kinder es nicht sehen) zuerst eine Schule und auf dem zweiten Bild eine Tüte. Immer ein Kind darf seine Bilder vor der Klasse hochhalten und die Mitschüler raten. Wer die Lösung gefunden hat, darf danach seine Bilder vorstellen.

Varianten:
- Das Spiel kann auch als Pantomime durchgeführt werden, hierfür sollte die Lehrerin geeignete Wörter vorgeben.
- Zusammengesetzte Nomen aus drei Wörtern ergeben drei Bilder.
- Eine nicht einfache, aber spannende Ausweitung wären zusammengesetzte Adjektive.

105 *Sandmalerei*

Material:
Weitsprunganlage mit Sand oder Sandkasten, Stöcke

Durchführung:
Der Sandkasten sollte zuvor gerecht werden, damit er eine glatte Oberfläche hat. Mit ihren Stöcken malen die Kinder Bilder in den Sand.

Variante:
Als Klassenspiel können von der Lehrerin auch Begriffe vorgegeben werden, die von einem Kind gezeichnet und von den anderen erraten werden.

Tipps:
- Das Spiel kann zu jedem beliebigen Thema im Sachunterricht durchgeführt werden.
- Alle Schüler entwerfen gemeinsam ein Bild. So werden soziales Lernen und nicht zuletzt die Klassengemeinschaft spielerisch gefördert.

06 *Pinseltanz*

Material:
Meditative oder schwungvolle Musik (z. B. „Die Moldau" von Smetana oder „Die vier Jahreszeiten" von Vivaldi), Papier, Pinsel, Wasserfarben

Durchführung:
Zunächst dürfen sich Schüler beim Hören der Musik entspannen. Sie sollen dabei versuchen, an nichts mehr zu denken und sich ganz auf den Fluss der Töne einlassen. Papier und Farben sind schon bereitgestellt. Jetzt dürfen sich die Kinder vorstellen, dass ihr Pinsel plötzlich zu tanzen beginnt. Er taucht in seine Lieblingsfarbe und rührt sie an, dann setzt er in tanzenden Bewegungen die Farbe auf das Papier.

Anmerkung:
Die Kinder sollten den Umgang mit Pinsel und Wasserfarben bereits erlernt haben. Wichtig ist bei dieser Übung, dass in der Klasse Ruhe herrscht und die Musik wirken kann. Die Kinder sollen versuchen, den Rhythmus der Musik mit den Bewegungen des Pinsels aufzunehmen.

107 Steinemosaik

Material:
Eine ebene große Fläche, möglichst viele unterschiedliche Steine

Durchführung:
Die Schüler legen gemeinsam ein Bild aus Steinen. Vorher kann das Thema miteinander besprochen werden. Es kann aber auch völlig offengelassen werden, was für ein Bild mit den Steinen entstehen könnte.

Tipp:
Interessanter wird das Spiel, wenn Steine in recht unterschiedlichen Größen verwendet werden.

Variante:
Aus Steinen kann auch ein Tastpfad, der barfuß mit den Füßen erspürt wird, oder ein Labyrinth gelegt werden.

08 Erkennst du dich?

Material:
Papier, Stift, Zettel

Durchführung:
Jedes Kind schreibt seinen Namen auf einen Zettel. Die Zettel werden gemischt und anschließend zieht jedes Kind einen davon. Die Schüler haben nun die Aufgabe, auf ein Blatt Papier ein Kleidungsstück des Mitschülers, dessen Name auf ihrem Zettel steht, zu zeichnen. Damit die Kleidungsstücke nicht „verwechselt" werden, wird auf die jeweilige Rückseite des Blattes der dazugehörige Name – der Träger des Kleidungsstückes – geschrieben. Jetzt können die Zeichnungen eingesammelt und einzeln vor der ganzen Klasse hergezeigt werden. Alle raten mit, welches Kind den gezeichneten Pulli, Rock usw. gerade anhat.

Variante:
Neben den Kleidungsstücken können nach Absprache auch Accessoires wie Brille, Gürtel oder Hausschuhe geraten werden.

109 *Tücherblume*

Material:
Pro Kind ein Tuch in seiner Lieblingsfarbe (am besten ein Chiffontuch), Lieblingsmaterialien der Kinder (z. B. Naturmaterialien wie farbige Blätter, Blüten, Steinchen, Federn oder Watte, Stifte, Pfeifenputzer, Glasmurmeln, Silber- bzw. Goldfolie, Alufolie, Zweige ...)

Durchführung:
Im Sitzkreis gestalten die Kinder gemeinsam eine Fantasieblume, indem jeder Schüler zur Mitte hin ein Blütenblatt mit seinem Material kreiert.

Tipps:
- Vor dem Legen des Bodenbildes eignet sich eine Fantasiereise (vom Sprießen bis zum Erblühen der Fantasieblume) besonders gut. Dazu könnte Musik gespielt werden (z. B. der „Frühling", aus dem Werk „Die vier Jahreszeiten" von Vivaldi).
- Nach der Durchführung sollte eine zielgerichtete Werkbetrachtung erfolgen, wobei jedes Kind seine Materialauswahl und Gestaltung begründen könnte. Eine lebendige Aussprache schließt ab.

10 Mindmapping

Material:
Ein DIN-A3-Papier pro Gruppe, Zeitschrift(en), Klebstoff, Schere, Stifte

Durchführung:
Die Kinder werden in Gruppen mit maximal vier Teilnehmern aufgeteilt. Jede Gruppe einigt sich auf einen in einer Zeitschrift abgebildeten Gegenstand bzw. einen Menschen, ein Tier oder eine Pflanze (z. B. einen Baum). Das Motiv wird ausgeschnitten und in die Mitte des Plakats geklebt. Nun wird das Plakat an die nächste Gruppe weitergegeben. Jedes Kind der Gruppe malt auf das Plakat etwas, was er mit diesem Gegenstand oder Menschen assoziiert. Dann wird das Plakat wieder weitergegeben, bis jede Gruppe Gelegenheit hatte, es mitzugestalten. Abschließend werden die Plakate im Klassenverband besprochen.

Varianten:
- Bei jüngeren Schülern ist es einfacher, wenn die Plakate nur innerhalb der eigenen Gruppe erstellt werden.
- Zu den Collagen können Geschichten oder Gedichte verfasst werden. Wo es möglich ist, bietet sich das Aufschreiben am Computer an.
- Interessant ist auch der umgekehrte Weg. Die Schüler lesen zuvor eine Geschichte und beginnen im Anschluss daran mit den Plakaten.

111 Folienbilder

Material:
Folien, Wasserfarben oder Folienstifte, Overheadprojektor

Durchführung:
Die Schüler malen mit ihrem Partner oder mit ihrer Gruppe auf Folie ein abstraktes Fantasiebild in einer bestimmten Farbe. Anschließend werden die Folien auf dem Overheadprojektor beliebig übereinandergelegt; die unterschiedlichsten Kombinationen werden dabei ausprobiert und deren Wirkung im Unterrichtsgespräch besprochen:

- Was ist dabei entstanden?
- Welche Stimmungen drücken die verschiedenen Bilder aus?
- Welche Folienkombination gefällt den Kindern am besten?
- Welche Farbmischungen kommen zustande?

Varianten:

- Jedes Kind malt ein ganz konkretes Bild als Transparent. Die Bilder werden dann von den Kindern am Overheadprojektor der Klasse gezeigt und besprochen.
- Auch Diagläser können mit Folienstiften oder Acrylfarben bemalt werden. Zusätzlich kann man sie mit unterschiedlichen Materialien (z. B. kleine Federn, getrocknete Blüten, Wolle usw.) bekleben. Es entstehen interessante Effekte und da manche Kinder gar keinen Diaprojektor mehr kennen, wird das Staunen der Klasse groß sein!

12 Die kunstvolle Verwandlung

Material:
Porträtfoto jedes Kindes, Filzstifte, Stoff- und Wollreste

Durchführung:
Jedes Kind stellt sich vor, wie es als Mädchen bzw. Junge aussehen würde. Nun gestalten die Schüler ihr Foto mithilfe von Filzstiften, Stoffresten und Wolle (für die Haare) entsprechend um. So entsteht eine neue Schülergalerie.

Variante:
Natürlich können sich die Kinder auf den Fotos auch in Erwachsene, bestimmte Berufsgruppen, Außerirdische, Pflanzen, Tiere und Fabelwesen umgestalten.

113 *Maldiktat*

Material:
Bildkarten (z. B. aus einem Memoryspiel, laminierte Bilder aus dem Internet oder Kunstpostkarten), Stifte, Papier

Durchführung:
Die Kinder ziehen verdeckt Bildkarten und diktieren ihrem Partner das Bild. Wenn ausreichend Zeit dafür gegeben wird, können die Bildkarten bis ins Detail beschrieben werden.
Der Partner versucht, genau nach Anweisung zu zeichnen. Hinterher wird verglichen, wie viel Übereinstimmung es bei den beiden Bildern gibt.

Tipp:
Die Schüler können im Vorfeld die Bildkarten auch selbst gestalten. Diese werden eingesammelt, gemischt und neu verteilt. Dann kann das Spiel beginnen.

14 *Unsere Farbpalette*

Material:
Weiße Karteikarten oder Zeichenblätter, Wasserfarben, Pinsel

Durchführung:
Jedes Kind versucht, zu einer bestimmten Farbe möglichst viele verschiedene Farbnuancen anzumischen und diese auf Karteikarten oder Zeichenblättern festzuhalten. Wer schafft die meisten Farbvarianten und kann diese auch noch schriftlich benennen? Natürlich können die Farbnamen auch fantasievoll sein (vgl. S. 109).

Varianten:
- Die Schüler können die Farbtöne von hell nach dunkel sortieren und zu einem Buch binden (z. B. das „grüne Buch").
- Zusätzlich können andere Materialien in dieser Farbe gesammelt werden (z. B. Federn, Stoffe, Naturmaterialien usw).
- Auf spielerische Art können mit den Kindern so die zusammengesetzten Adjektive „erarbeitet" werden, auch auf Diktat der Lehrerin: dunkelrot, hellrot, rotbraun usw.

115 *Flugzeugwerft*

Material:
Papier

Durchführung:
Die Schüler basteln aus einem, zwei oder drei Papieren verschiedene Flugzeuge bzw. Flugobjekte und geben diesen Namen. Gemeinsam werden die Flieger ausprobiert, bei gutem Wetter im Pausenhof, bei schlechtem in der Aula oder Turnhalle. Welcher fliegt am längsten?

Tipp:
Die Flieger können mit Namenskärtchen versehen in der Klasse ausgestellt werden. Vorher sollten die Kinder allerdings die Herstellungsweise ihrer Flugobjekte erklären.

16 Mein Geschenkpapier

Material:
Ein kleines Stück Geschenkpapier für jedes Kind, Papier (DIN A4), Klebstoff, Filzstifte oder Buntstifte

Durchführung:
Jedes Kind klebt in die Mitte seines Papiers ein kleines Stückchen Geschenkpapier. Nun malt es die Muster des Geschenkpapiers weiter, sodass sein eigenes gemaltes „Schmuckpapier" entsteht.

Tipps:
- Als Vorbereitung könnten die Kinder Geschenkpapiere sammeln und auf einem größeren Blatt eine Collage aus verschiedenen Stückchen kleben. Diese Collagen können thematisch gegliedert werden, z. B.: Geburtstag, Weihnachten, Ostern, Blumenmotive …
- Die Lehrerin kann den Kindern z. B. vor der eigenen Geburtstagsfeier oder vor Weihnachten den Arbeitsauftrag geben, das Geschenkpapier aufzuheben. Im Unterricht wird es dann sozusagen „recycelt".

Variante:
Älteren Schülern (etwa ab der dritten Klasse) kann auch ein Ausschnitt einer Kunstpostkarte gegeben werden. Dieser soll weitergestaltet und anschließend mit dem Original verglichen werden.

117 *Haste Puste?*

Material:
Für je zwei Kinder ein Papier und einen Strohhalm, Wasserfarben

Durchführung:
Die Schüler falten das Papier in der Mitte. Nun wird auf den Papierfalz ein dicker Farbklecks gemacht. Je zwei Kinder versuchen gegeneinander, den Klecks mit ihrem Strohhalm auf die gegenüberliegende Seite zu blasen. Ist das Papierende erreicht, bekommt das Kind einen Punkt. Nun wird ein neuer Klecks in einer anderen Farbe in die Papiermitte gesetzt und es geht von Neuem los! Hat ein Schüler vier Punkte erreicht, endet das Spiel. Im Anschluss wird das so entstandene Bild analysiert:

- „Sind neue Farben entstanden?"
- „Was erkennst du in dem Bild?"
- „Wer hatte mehr Puste?"

18 *Schattenbilder*

Material:
Overheadprojektor

Durchführung:
Das Klassenzimmer wird verdunkelt und ein oder besser noch zwei Overheadprojektoren werden angeschaltet. Die Schüler erfinden paarweise Fingerschattentiere, die anderen Kinder sollen die Tiere erraten. Vielleicht sind auch Fantasietiere dabei?

Varianten:
- Die Kinder können eine Geschichte zu ihren Schattenfiguren erfinden und vortragen.
- Es kann auch eine gemeinsam erarbeitete Geschichte (z. B. ein Märchen) mit den Händen nachgespielt werden. Nötige Requisiten werden aus Papier geschnitten oder aus anderen Materialien gebastelt.

119 Ein Klecks geht auf die Reise

Material:
Ein weißes Plakat, Fingerfarben oder Wasserfarben, Pinsel

Durchführung:
Ein Kind beginnt, einen Farbklecks zu malen und den Anfang der Geschichte (z. B. vom gelben Klecks) zu erzählen. Nun ist der nächste Schüler an der Reihe, malt und erzählt die Geschichte weiter. So entsteht parallel zum Klassenbild eine Reihengeschichte, die z. B. so lauten kann: „Es war einmal ein gelber Klecks. An einem heißen Tag ging der Klecks im See baden. Dann ruhte er sich auf der Wiese aus …"

Tipp:
Die Kinder könnten die Geschichte aufschreiben oder am Computer tippen und zum fertigen Klassenbild hängen.

Variante:
Zum Geschichtenerfinden eignen sich auch Gemälde berühmter Maler, z. B. „Karneval der Harlekine" von Joan Miró.